Jeux de gaslighting

Le pouvoir de manipuler l'esprit humain et le plier à la volonté d'un autre.

Emory Green

TABLE DES MATIERES

INTRODUCTION

Nous sommes tous animés par des désirs et des envies et nous avons tous un besoin inné de contrôler certains aspects de notre vie et de celle des gens qui nous entourent. Nous voulons que les gens nous aiment d'une certaine façon, nous parlent d'une manière particulière et nous traitent avec respect. Et il n'y a absolument rien de mal à cela. Mais qu'en est-il si, hypothétiquement, vous ou l'autre personne dans la relation contrôlez toujours le résultat de vos interactions en étant manipulateur et en utilisant des mots et des actions qui poussent l'autre partie à répondre d'une manière qui lui est uniquement bénéfique ? Est-ce que cela fait d'eux des égoïstes ou des manipulateurs ?

Dans ce livre, je vais exposer la différence entre les tendances égoïstes et naturellement manipulatrices du narcissisme et le gaslighting. Le gaslighting est une forme très spécifique de manipulation dans laquelle chacun d'entre nous peut tomber, que ce soit en tant qu'auteur ou en tant que victime. Non seulement je définirai ce qu'est le gaslighting, mais je donnerai également des exemples réels de gaslighting et de la façon dont il se produit dans divers aspects de nos vies. En lisant ce livre, vous serez en mesure d'identifier les différentes techniques et tactiques utilisées par les auteurs de gaslighting ou de commencer à les remarquer dans votre comportement si vous en êtes un. L'amour que nous portons aux autres et l'opinion que nous avons de nous-mêmes peuvent masquer la vérité sur les comportements de gaslighting, mais ce livre met les intentions à nu.

En tant qu'auteur et que personne travaillant avec des personnes très ambitieuses et dynamiques, j'ai constaté que chacun d'entre nous a la capacité d'utiliser le gaslight, mais à des degrés divers. La différence entre nous tous est que certaines personnes accueillent favorablement cette tendance à la manipulation et au contrôle, tant que cela leur profite, tandis que le reste d'entre nous s'abstient d'être manipulateur par égard pour l'autre personne. La triste vérité est que le gaslighting est devenu un mode de vie et que ses effets se font sentir dans toute la société, de la politique aux relations de travail en passant, bien sûr, par les relations personnelles. Il s'agit d'un comportement appris qui peut être acquis dès l'enfance, surtout si vous avez été victime de gaslighting ou si vous avez vu un membre de la famille, comme un parent ou un frère ou une sœur, en être victime.

La manipulation peut changer notre façon d'être parent, de travailler, de jouer et de nous socialiser. Elle peut et va affecter nos relations avec les membres du sexe opposé et nous priver du pouvoir qui nous permet de prendre des décisions éclairées et bénéfiques sur nos vies. Imaginez un instant qu'une mère soit victime de gaslighting. Elle remettra non seulement en question sa réalité, mais aussi ses décisions, ce qui affectera directement ses enfants et son conjoint, créant ainsi un environnement familial malsain. Remplacez maintenant cette mère par vous-même et vous verrez que le gaslighting a un effet sur tout le monde autour de la personne affectée, car il s'agit d'une forme insidieuse d'abus. Elle peut s'installer progressivement sur une longue période sans que personne ne s'en aperçoive, causant dans certains cas des dommages irréparables.

Votre vie peut être radicalement changée par les choses que vous ignorez et le gaslighting dans votre vie peut être apparent ou caché sous le couvert de l'amour et de la défense de vos intérêts. Vous n'êtes peut-être pas victime de gaslighting dans vos relations, mais vous connaissez peut-être quelqu'un qui l'est. Ou peut-être avez-vous entendu parler de quelqu'un qui l'est. Ou peut-être avez-vous déjà été en contact avec une personne qui pratique le gaslighting. Avec le gaslighting, on a souvent le sentiment que quelque chose ne va pas ou que l'on vous pousse à accepter quelque chose qui ne correspond pas à votre perception. Souvent, les allumeurs de gaz sont des personnes en qui nous avons confiance, de sorte que vous ne croyez pas qu'elles puissent vous manipuler. Mais si vous comprenez ce qu'est le gaslighting, comment il est pratiqué et ce qu'il vise à accomplir, vous avez plus de chances de remettre en question la manipulation avant qu'elle n'aille trop loin. On peut affirmer sans risque de se tromper que le fait de mettre fin à toute forme de gaslighting dans votre vie ou dans celle de votre entourage peut sauver une vie.

L'apprentissage du gaslighting est un excellent point de départ pour vous aider à étouffer dans l'œuf de telles relations avant qu'elles ne deviennent toxiques et destructrices. Tous les aspects du gaslighting que vous devez connaître sont dans ce livre et vous pouvez l'utiliser comme guide pour manœuvrer ce champ de mines de violence émotionnelle qui est devenu une partie insidieuse de notre culture et de notre société. Mais que faites-vous lorsque vous identifiez le gaslighting en vous-même ou chez les autres autour de vous ? Travailler sur le changement est la partie la plus difficile qu'un gaslighter doit embrasser. Si c'est votre cas, laissez ce livre vous aider à devenir un leader, un ami, un compagnon ou un partenaire qui voit au-delà de sa propre intention pour le bien de tous ceux qui l'entourent. Ce livre vous aidera à comprendre l'impact réel du pouvoir sur les gens. Vous devez vous procurer ce livre si vous n'avez plus l'intention de vous laisser mener en bateau.

Cette citation d'Albert Camus résume parfaitement le problème du gaslighting : "Rien n'est plus méprisable que le respect fondé sur la peur." Et puis-je ajouter à cela, la manipulation.

Vous appréciez ce livre jusqu'à présent ? N'oubliez pas de vous rendre au bas de ce livre pour découvrir une ressource gratuite de taille réduite, mais précieuse, sur l'hypnose conversationnelle. Ce mini-livre électronique est le moyen le plus simple d'apprendre à devenir un hypnotiseur conversationnel efficace. Vous êtes curieux de voir les bénéfices que cela peut apporter à vos conversations quotidiennes ? Obtenez votre exemplaire dès maintenant ! Cette ressource gratuite n'est disponible que pour une durée limitée.

Gaslighting 101

Qu'est-ce que le gaslighting ?

Le gaslighting est une forme infâme de manipulation psychologique d'un individu qui le fait douter de sa santé mentale, de sa vérité, de ses croyances, de son jugement, de sa perception, de ses valeurs et même de ses souvenirs. L'objectif principal du gaslighting est d'amener la personne à avoir une mauvaise estime d'elle-même et/ou de gagner du pouvoir sur elle. Le gaslighting se produit progressivement dans une relation et les actions peuvent sembler inoffensives au début.

Les Gaslighters utilisent certains termes très spécifiques pour semer la confusion et brouiller les pistes, de sorte que la perception des événements par la victime semble peu fiable, voire fictive. Ils peuvent dire quelque chose comme "Je ne sais pas de quoi tu parles" ou "Ça ne s'est pas passé comme ça, tu inventes n'importe quoi" ou "Tu es juste émotive". Utilisée assez fréquemment sur une longue période, la victime commence à douter de sa mémoire, à s'embrouiller dans les événements les plus évidents de sa vie et à compter de plus en plus sur l'agresseur pour corroborer sa réalité.

Le Gaslighting a été une arme utilisée par de nombreux abuseurs qui préfèrent utiliser la violence émotionnelle sur leurs victimes afin que leurs actions ne soient pas facilement perceptibles par les autres. Cela leur permet de maintenir leur pouvoir sur leurs victimes pendant une période plus longue. Le résultat typique du gaslighting est de vivre avec une dissonance cognitive, ce qui signifie que la victime a deux points de vue différents en même temps qui sont en contradiction l'un avec l'autre. Par exemple, elle peut reconnaître que l'agresseur n'est pas honnête ou qu'il l'induit intentionnellement en erreur. Mais elle a tellement d'amour pour lui qu'elle est prête à se dire qu'elle doit avoir tort au sujet de l'autre personne. Par conséquent, ils continuent à permettre l'abus de l'autre personne, ce qui finit par amoindrir leurs capacités cognitives.

Histoire du gaslighting

La terminologie "gaslighting" provient de la pièce de théâtre de 1938, Gaslight, également connue sous le nom de Angel Street, aux États-Unis. La pièce, qui a ensuite été adaptée au cinéma en 1940 et 1944, raconte l'histoire d'une femme, Bella Manningham, que son mari, Jack Manningham, manipule en lui faisant croire qu'elle est folle. Le mari tamisait et allumait littéralement les lumières de leur maison et faisait comme si rien ne se passait afin de faire douter sa femme de sa santé mentale. Cette pièce est une parfaite représentation d'une relation désolante dans laquelle l'une des parties tente de saper le sens de la réalité de l'autre et, ce faisant, lui cause un préjudice mental. Si l'on en croit cette pièce, le gaslighting est une technique utilisée depuis longtemps par les agresseurs.

Si l'on considère que cette pièce n'est qu'un mélodrame pastiche de plus, sa reprise par divers auteurs au fil des ans a montré que le sujet est toujours d'actualité, d'autant plus que les techniques et tactiques utilisées dans le gaslighting sont devenues plus sophistiquées. Dans la pièce, Jack Manningham isole également sa femme de son système de soutien afin de se faire le seul interprète de sa réalité. Malheureusement, dans la pièce, son stratagème fonctionne et elle devient dépendante de lui pour discerner et traduire les situations de sa vie, tout en sombrant davantage dans le désespoir.

Exemples de gaslighting aujourd'hui

L'effet de gaslighting est apparu dans des décennies d'études sur la psychanalyse et il s'est également manifesté dans différentes émissions de télévision au fil des ans. L'une des personnalités considérées comme le gaslighter le plus prolifique des temps modernes est, malheureusement, le président des États-Unis, Donald Trump. Le terme "gaslighting" peut être associé à tout ce qui est rendu suffisamment surréaliste pour que vous remettiez en question votre perception de la réalité. Il y a eu un certain nombre de cas de gaslighting associés au président des États-Unis, où il a essayé de faire en sorte que ses adversaires semblent déséquilibrés pour avoir remis en question ses actions et celles de ses proches. En voici quelques exemples :

Brett Kavanaugh et le Dr. Christine Blasey Ford

Lors de l'audience de confirmation de Brett Kavanaugh, le président Donald Trump a qualifié d'inventées et de canulares les accusations du Dr Christine Blasey Ford selon lesquelles Kavanaugh l'avait agressée sexuellement au lycée. Les remarques suivantes du président ont créé une atmosphère où la réalité de la victime était remise en question et sa mémoire contestée, simplement parce que du temps s'était écoulé après les faits.

Le président a fait remarquer : "Le public américain a vu cette mascarade, a vu cette malhonnêteté des démocrates. Et lorsque vous mentionnez la mise en accusation [sic] d'un juge de la Cour suprême des États-Unis qui est un érudit de haut niveau, un étudiant de haut niveau, un intellectuel de haut niveau, et qui n'a rien fait de mal, il n'y a aucune corroboration d'aucune sorte. Tout a été inventé, tout a été fabriqué. Et c'est une honte. Et je pense que cela va vraiment vous montrer quelque chose le 6 novembre."

D'une manière ou d'une autre, l'intelligence perçue de Brett Kavanaugh a suffi à falsifier tout ce que le Dr Ford a dit et a remis en question la validité de sa version des faits.

Donald Trump et Hilary Clinton

En tant que femme dans la course à la présidence, Hilary Clinton a été confrontée à un grand nombre de questions et à un examen minutieux de sa position sur les problèmes des femmes. Mais lorsque la candidate à la présidence a abordé des questions concernant les femmes ou a défendu les droits des femmes, le candidat de l'époque, Donald Trump, l'a accusée de jouer la "carte de la femme".

Pendant la campagne, Trump n'a cessé d'insinuer que Clinton n'avait aucune chance de gagner si elle ne jouait pas la carte de la femme. Cet argument visait non seulement à invalider les questions sur lesquelles Clinton se concentrait lorsqu'il s'agissait des femmes, mais aussi à la faire passer pour une candidate plus faible qui n'avait rien à offrir au peuple américain à part son sexe. Et ce, en dépit du fait que Mme Clinton a servi dans l'administration précédente et a même été élue fonctionnaire la plus populaire de son espèce, devant le président Obama et le vice-président Joe Biden.

Dans l'un de ses rassemblements à Spokane Washington, Trump a affirmé que Clinton l'a accusé d'élever la voix lorsqu'il s'adresse aux femmes. "Elle va - avez-vous entendu que Donald Trump élève la voix en parlant aux femmes. Oh, je suis désolé, je suis désolé. Je veux dire que tous les hommes - nous sommes terrifiés de parler aux femmes désormais - nous pouvons élever la voix."

Cette déclaration dépeint Clinton comme une adversaire qui cherche à restreindre les libertés des hommes et des policiers dans leur façon de se comporter avec les femmes. Elle est destinée à faire craindre aux hommes que les femmes ne se liguent contre eux avec l'aide d'Hilary Clinton. L'éclairage de Clinton a très bien fonctionné auprès de certains électeurs, qui se sont laissés convaincre par le portrait qu'il a dressé d'elle comme le début de la fin de l'ordre naturel des choses tel qu'ils le connaissaient. Il a joué sur leur ressentiment et leurs préjugés sexistes, en particulier dans les foyers où la femme gagne plus d'argent que l'homme.

L'incivilité de Donald Trump lorsqu'il parlait de Clinton et le fait qu'il l'accusait constamment de jouer la carte de la femme avaient pour but de diminuer sa valeur en tant que leader aux yeux des électeurs et, malheureusement, de nombreux électeurs se sont laissés prendre à cet argument. Dans ce cas, Donald Trump a réussi à éclairer le peuple américain et Hilary Clinton. Il a effectivement changé la perception de la réalité pour les électeurs, en leur donnant l'impression qu'il était la seule solution pour maintenir les choses dans leur "ordre naturel". Il a également réussi à faire passer Clinton pour une candidate indigne parce qu'elle se préoccupait de questions telles que la garde des enfants et l'égalité des salaires pour les femmes. Cette tactique avait en fait pour but de garder Clinton silencieuse sur les questions féminines, car Trump n'avait pas l'impression de les maîtriser et il ne pouvait pas essayer de se faire l'avocat des femmes si tard dans la partie, après sa cassette Access Hollywood.

En tant que gaslighter, dans ce cas, Donald Trump a essayé de faire taire les arguments de Clinton en décrivant ses normes et ses opinions comme oppressives et déraisonnables.

Kellie Sutton et Steven Gane

Kellie Sutton n'était pas une personne célèbre, mais une mère de trois enfants âgée de 30 ans qui vivait avec un petit ami tyrannique, Steven Gane. Mais dans une affaire historique qui a puni les auteurs de "gaslighting", Steven Gane a été condamné à une peine de quatre ans et trois mois. Il a également été frappé d'une ordonnance de comportement criminel qui durera 10 ans à partir de 2018. Cette ordonnance oblige Gane à informer la police de toute relation sexuelle qu'il entretient pendant plus de 14 jours. La notification doit être faite dans les 21 jours suivant le début de la relation.

Dans cette affaire, Steven Gane a été reconnu coupable d'avoir utilisé un comportement coercitif et contrôlant dans le cadre d'une relation intime, d'avoir agressé la victime en la battant et d'avoir commis des voies de fait entraînant des lésions corporelles réelles. Selon le juge de l'affaire,

Phillip Grey, l'agresseur s'est immiscé dans l'affection et le foyer de la victime, puis a cherché à la contrôler et à la dominer. Le juge a déclaré que Gane l'a traitée comme un ticket de repas qu'il devait contrôler, qu'il l'a traitée comme une possession, qu'il l'a battue, qu'il l'a punie et qu'il a brisé son esprit. Il a ajouté : "Ses textos et ses messages Facebook montrent le mépris et l'hostilité avec lesquels vous la traitiez. Vous considérez les femmes comme des objets que vous souhaitez utiliser. Vous avez même fait référence à Mlle Sutton en termes abusifs et grossiers après sa mort. Votre comportement a poussé Mlle Sutton à mettre fin à ses jours. Elle a menacé de se tuer et vous lui avez dit de faire une faveur à tout le monde et d'aller de l'avant et de le faire".

Gane a admis qu'il était un homme jaloux et que ses actions de gaslighting avaient pour but d'exercer un contrôle sur son amant. Selon la mère de Kellie Sutton, Pamela Taylor, elle était une personne pétillante, heureuse, drôle, affectueuse et attentionnée. Cependant, elle a changé après avoir eu une relation avec Gane et est devenue renfermée et anxieuse.

C'est la première fois qu'une condamnation est prononcée pour un délit de gaslighting à la suite du décès d'une victime. Au Royaume-Uni, la législation sur la coercition et le contrôle est entrée en vigueur en 2015 et la police a salué cette avancée comme une étape importante. Cette législation est un article de la loi sur les crimes graves de 2015.

Gane et Sutton n'ont été ensemble que cinq mois. Dans un comportement typique de gaslighter, il s'est mis dans les bonnes grâces de sa victime en emménageant chez elle, en faisant tout ce qu'elle voulait faire à la maison et en lui achetant des choses. C'était un stratagème pour qu'elle devienne dépendante de lui. Au fil du temps, il l'a éloignée de sa famille et de ses amis et a commencé à la contrôler davantage, allant jusqu'à la battre lorsqu'elle sortait sans lui dire où elle allait. La victime a caché la réalité à sa famille et même lorsqu'elle a fini par s'enlever la vie, ils n'étaient pas au courant de l'éclairage gazeux qui se déroulait dans sa vie.

Steven Gane a fait preuve d'un comportement typique de gaslighting en contrôlant et en contraignant son partenaire. Mais dans son cas, il s'agissait d'une combinaison mortelle d'abus émotionnels et physiques. Selon ses amis, il a vu la vulnérabilité de cette mère célibataire de trois enfants et en a profité. Les Gaslighters chercheront toujours une faiblesse et l'exploiteront à leur avantage.

La Russie bombarde les Américains

Depuis l'élection de 2016, les Américains ont été gazés par la machine de propagande russe qui cherche à écarter la perception que la Russie a manipulé l'électorat américain et a changé le cours de la politique américaine, comme si c'était le fruit de leur imagination. Des agents russes ont piraté la campagne de Clinton, ainsi que le Comité national démocrate et le Comité de campagne du Congrès démocrate, dans le but de divulguer des informations sensibles de la campagne. Ils ont également diffusé de la propagande sur Clinton sur Twitter, Facebook et Instagram et ont même organisé des rassemblements de campagne en Pennsylvanie et en Floride. Toutes ces informations sont corroborées par la communauté du renseignement des États-Unis.

Cependant, lorsqu'il a été interrogé sur leur ingérence dans les élections américaines, le président russe Vladimir Poutine a tout nié et a plutôt pointé un doigt confus vers leur voisin, l'Ukraine. Dans le comportement de déviation typique d'un gaslighter, le président russe a fait semblant de ne pas savoir ou comprendre que ses agents, en utilisant des cyber tactiques, ont introduit de faux récits dans l'élection américaine de 2016 qui ont favorisé Donald Trump et causé des dommages à la campagne Clinton.

La principale raison de cette manipulation était d'assurer l'élection d'un candidat qu'ils pouvaient manipuler pour l'amener à la plus haute fonction et exercer un pouvoir sur lui. Clinton a été dure envers la Russie et a soutenu les sanctions en place contre le pays pour leurs actions en Ukraine. Lorsqu'elle a été découverte, la Russie a pointé du doigt un autre pays et a également lancé une campagne visant à discréditer les services de renseignement américains, en utilisant leur propre président, rien de moins.

L'avocat spécial américain Robert Muller a découvert des preuves d'une opération menée par le Kremlin pour interférer avec les élections. Il a également découvert que 12 agents du renseignement russe ont infiltré des courriels démocratiques et utilisé de faux comptes de médias sociaux afin de diffuser des récits qui divisent. En 2017, 56 % des Américains pensaient que la Russie avait interféré dans les élections, mais cela signifie également que 44 % ne le pensaient pas. C'est un pourcentage énorme et cela représente un grand nombre de personnes dont la perception de la réalité a été perturbée par des déclarations comme celles-ci de Poutine et de Donald Trump.

M. Poutine a déclaré : "Nous n'avons et n'avons jamais eu aucun projet d'ingérence dans la politique intérieure des États-Unis." Mais, selon Poutine, leur gouvernement ne peut pas empêcher les citoyens privés d'exprimer leurs opinions en ligne sur la politique américaine et ses développements. "Comment pouvons-nous leur interdire de le faire ? Avez-vous une telle interdiction en ce qui concerne la Russie ?"

Trump : "Je ne crois pas qu'ils aient interféré." Dans un autre cas, il a déclaré : "Sachant quelque chose sur le piratage informatique, si vous ne prenez pas le pirate sur le fait, il est très difficile de dire qui a fait le piratage. Cela étant dit, je penche pour la Russie. Ça aurait pu être la Chine, ça aurait pu être beaucoup de groupes différents."

En jetant des doutes sur la validité des affirmations, comme l'ont fait les deux présidents, et en tant que personnes haut placées ayant beaucoup d'influence, les deux dirigeants ont incité le peuple américain à penser que sa perception de la réalité n'était pas exacte. Remarquez que non seulement ils ont nié l'action, mais qu'ils ont également désigné d'autres auteurs potentiels. Cela leur a permis de proposer un récit alternatif à ceux qui pensaient que le piratage avait eu lieu. Ils ont tous deux compris que les faits indiquaient un piratage. Cependant, il est tout aussi important de détourner la responsabilité de la Russie que de nier les faits. Cette tactique consistant à brouiller les pistes fonctionne très bien pour les responsables de l'éclairage gazeux, car leurs victimes ont souvent du mal à trouver des motifs pour que les accusations tiennent la route.

Charles Manson et la famille Manson

Charles Manson était un gaslighter prolifique qui a poussé la tactique du gaslighting à un niveau supérieur en influençant des personnes bien éduquées pour qu'elles laissent leur vie derrière elles. Il les lâchait ensuite dans le monde pour qu'elles commettent des meurtres pour lui. Comme la plupart des allumeurs de gaz, Manson se présentait comme le prochain sauveur du monde et le reste du monde comme des inadaptés et des flagorneurs. La plupart des gens pensaient que Manson recrutait des tueurs en série adolescents. En fait, il répondait aux besoins de jeunes femmes vulnérables et, en fonction de leur vulnérabilité, il exploitait leur besoin spécifique.

Par exemple, si une jeune femme cherchait un guide spirituel, il le lui offrirait sous sa forme déformée. Si elle avait besoin d'une figure paternelle, il agirait de manière à ce qu'elle trouve en lui un réconfort paternel. Non seulement cela les rendait extrêmement dépendants de lui, mais en les faisant entrer dans la vie des autres, il leur donnait une famille et un lien qui manquait à la plupart. Il a même appelé sa secte la "famille Manson".

Manson a fait d'eux une partie de sa vie et, pendant la première année de 1968, il y a eu un profond sentiment de famille, d'affection et d'épanouissement entre eux tous. Malheureusement, les années passées avec Manson se sont déroulées dans un brouillard de drogues, si bien que les personnes de la secte se souviennent différemment des événements. La chronologie de l'histoire de Manson s'étend sur deux ans et, à la mi-1969, Manson a commencé à ordonner aux membres de sa famille de tuer des gens pour lui. La première victime était un ami de la famille Manson du nom de Gary Hinman, qui a été tué par des membres de la famille parce qu'il n'avait pas donné d'argent à Manson. La personne suivante sur sa liste de cibles était Roman Polanski, un célèbre réalisateur de films, et sa femme en a été la malheureuse victime. La maison de Roman Polanski était visée parce qu'un producteur de musique qui avait rejeté Manson y vivait auparavant.

Après avoir manipulé les membres de sa famille pour qu'ils le considèrent comme leur messie, il a avancé ce qu'on appelle la théorie du Helter-Skelter. Selon cette théorie, les Afro-Américains et les Blancs se livreraient à une guerre raciale qui ferait des milliers de victimes. Manson prévoyait que la famille disparaisse dans des grottes pour en ressortir lorsque la guerre serait terminée, afin de régner sur le monde. Mais lorsque sa carrière musicale a fait un flop, il a dit à ses membres qu'ils devaient eux-mêmes se mettre à l'abri en commettant des crimes dans des quartiers huppés. Il s'agissait de montrer à la communauté afro-américaine comment exercer la violence. Cependant, il est clair que les meurtres étaient pour Manson des meurtres de vengeance contre des personnes qui ne l'avaient pas aidé à faire avancer sa carrière musicale.

Les hommes et les femmes utilisés par Manson s'en remettaient tous complètement à lui pour leur compréhension de la réalité telle qu'il la traduisait. À leurs yeux, il n'était pas un agresseur. Ils voyaient plutôt un leader charismatique et inspirant, doté d'une vision et d'un objectif visant à transformer leur vie et l'humanité pour le mieux. Ce trait de caractère est connu sous le nom de biais d'optimisme, dans lequel les victimes voient le bon côté des choses, même lorsque le comportement de l'agresseur présente des divergences évidentes. Le biais d'optimisme existe en chacun de nous, mais il devient plus prononcé chez les victimes de gaslighting.

Adam et Rosie de Love Island

En 2018, des participants à l'émission Love Island, Adam et Rosie, ont montré comment le gaslighting peut devenir une partie de la vie amoureuse. Les téléspectateurs étaient préoccupés par la façon dont Adam a utilisé des tactiques de gaslighting très typiques sur sa partenaire de l'époque, Rosie, en lui faisant croire qu'elle était la raison pour laquelle il poursuivait la nouvelle fille de l'émission. Adam a dit à Rosie qu'il la larguait parce qu'elle se comportait comme une enfant. Il n'a pas assumé la responsabilité de ses actes et a rejeté la faute sur Rosie, lui donnant ainsi l'impression d'être responsable de son mauvais comportement.

En banalisant la réaction de sa partenaire sur la base de ses actions, Adam a fait preuve d'un comportement de gaslighting. Et, apparemment, lorsqu'il était dans une relation avec une autre participante du nom de Kendall, il a également utilisé des tactiques de gaslighting sur elle. Par exemple, il lui disait : "Je n'ai rien fait pour que tu penses que je choisirais quelqu'un d'autre." Et ce, malgré le fait qu'il avait une relation avec Rosie à ce moment-là. Et le fait qu'il ait fait preuve d'un comportement de gaslighting avec Kendall et avec Rosie chaque fois qu'il s'intéressait à quelqu'un de nouveau, montre un schéma dans son comportement.

Le Gaslighting a été vu dans l'émission avec d'autres participants, comme Joe Garratt. Garratt a fait croire à sa partenaire Lucie Donlan que quelque chose n'allait pas chez elle parce qu'elle était amie avec les participants masculins de l'émission, en particulier le rival de Joe. Il lui a dit : "Je ne suis pas content de ça. C'est étrange. Je pense qu'il est temps pour toi de te rapprocher des filles". Joe a été très critiqué pour son harcèlement de Lucie et a été éliminé de l'émission. Mais plus important encore, il a dû être emmené dans une maison sécurisée en conséquence.

Lorsque des sentiments intimes sont en jeu, le gaslighting peut être la porte d'entrée d'une relation abusive et se transformer rapidement en violence physique. La victime est susceptible de rester dans une relation malsaine parce qu'elle s'est habituée à la nature de la relation. Avec le temps, le comportement abusif se poursuit et s'intensifie.

CHAPITRE DEUX :

L'histoire d'un allumeur de gaz

Le narcissisme est au cœur du comportement de gaslighting. Dans chacun des exemples que j'ai donnés dans le chapitre précédent, les auteurs du gaslighting se sentent supérieurs à la victime et pensent que cette dernière ne devrait avoir d'égards que pour eux. Comme ils n'y parviennent pas naturellement, ils ont recours à un comportement coercitif et manipulateur pour éroder la confiance de la victime et l'amener à remettre en question sa perception et son jugement. Cela place effectivement la victime dans une position vulnérable, que le chasseur de gaz peut ensuite exploiter en se faisant passer pour la personne la plus importante pour la victime.

Dans la tête d'un allumeur de gaz

En traitant avec un gaslighter, vous découvrirez qu'il y a ceux qui comprennent ce qu'ils font et ceux qui ne sont même pas conscients de leurs actions. Des allumeurs de gaz célèbres, comme Charles Manson, ne se sont pas lancés par hasard dans le recrutement et la manipulation de jeunes femmes. Manson a suivi un cours basé sur le livre de Dale Carnegie "How to Win Friends and Influence People". Les tactiques de manipulation qu'il utilisait sur ses adeptes ont été apprises dans ce livre. Ce livre n'a pas été écrit dans l'optique d'une manipulation infâme. En fait, certains des plus grands esprits du monde, comme Warren Buffet, ont également bénéficié des enseignements de ce livre. Mais Manson a appliqué les techniques d'une manière diabolique pour répondre à ses propres besoins.

Il s'agit d'un exemple classique d'un gaslighter qui a intentionnellement appris à manipuler les gens, a appliqué les tactiques apprises et les a utilisées pour son propre compte. Certains gaslighters sont conscients de leur comportement et ciblent délibérément des personnes vulnérables qu'ils peuvent facilement contrôler.

À l'opposé, le gaslighter n'est pas vraiment conscient de ses actions. C'est particulièrement vrai pour les personnalités autoritaires qui ont tendance à penser en termes absolus. Pour elles, les choses sont noires ou blanches, et l'autre personne fait ce qu'elles disent ou ne le fait pas. Ces personnes sont les plus difficiles à aider car elles n'identifient pas elles-mêmes leur problème. Le résultat est cependant le même pour les deux types d'allumeurs de gaz, qu'ils soient conscients ou non : ils sont récompensés lorsque leur victime devient complètement dépendante d'eux. Ils veulent tous deux contrôler les pensées de leur victime, qu'ils aient l'impression de le faire pour son bien ou pour leur propre bénéfice.

La personnalité du gaslighter

La personnalité du gaslighter se rencontre généralement chez les personnes qui ont deux problèmes contradictoires en jeu en leur sein. Elles ont des problèmes d'estime de soi et de valeur personnelle et la seule façon pour elles de se sentir en contrôle est de manipuler les gens et les situations autour d'elles en leur faveur. Mais elles ont aussi un sens exagéré de l'importance. Cela leur donne l'impression d'être responsables de leur propre vie et d'avoir beaucoup de droits. Le chasseur de gaz peut être soit un magouilleur et un maître dans l'art de déformer les faits, soit une figure d'autorité autoritaire qui n'aime pas être remise en question et ne voit les choses qu'à travers son prisme personnel.

Le narcissisme joue un rôle important dans le comportement de gaslighting car il aide le gaslighter à masquer son insécurité. Le narcissisme est un trouble de la personnalité dans lequel une personne a un sens exagéré de sa propre valeur et de son importance. Elle a également un besoin insatiable et profondément ancré d'admiration et d'attention, ainsi qu'un manque total d'empathie pour les autres. À la moindre critique, une personne narcissique perd son masque de confiance en soi, ce qui peut parfois entraîner des actes de violence car son côté peu sûr est soudainement exposé. Pour ces personnes, toute action de la victime, comme la remise en question d'une décision ou même une demande de clarification, peut être considérée comme une critique, ce qui les pousse à s'en prendre à la victime.

Par exemple, si une femme demande à son mari de parler de la façon dont il dépense le revenu familial, il peut avoir l'impression qu'elle met en doute sa capacité à prendre de bonnes décisions. En tant que narcissique, il prendra cela comme une insulte et pourra devenir violent à cet instant. Il est très facile pour une personne souffrant d'un trouble de la personnalité narcissique de devenir un chasseur de gaz à cause de son sens du droit et de son souci d'être admiré. D'un autre côté, une personne souffrant d'un trouble de la personnalité de type gaslighter présente également des comportements tels que le repli sur soi et l'humeur changeante lorsque les choses ne vont pas dans son sens. En outre, elle éprouve des difficultés à s'adapter à tout changement dans son environnement. Elles éprouvent aussi secrètement des sentiments de honte et d'insécurité à l'égard de certains aspects de leur vie. Certains gaslighters peuvent également souffrir de dépression, ce qui les rend plus susceptibles d'abuser de l'alcool et des drogues.

En définitive, la personnalité du gaslighter a un besoin persistant, dans le cadre de son comportement, de contrôler les autres autour d'elle par tous les moyens nécessaires.

Pourquoi ils le font

La principale raison pour laquelle les auteurs de gaslight se donnent autant de mal pour contrôler les gens est le pouvoir qu'ils en retirent. Le besoin de domination les aide à se sentir bien dans leur peau, car ils sont déjà aux prises avec des sentiments d'insécurité et de faible estime de soi. Le gaslighter peut essayer de faire croire que ses actions sont bénéfiques pour la victime, mais en fait, elles le sont pour son propre bénéfice.

Il arrive que des personnes utilisent le gazage d'un proche pour dissimuler un méfait, comme une liaison ou la consommation de drogue. Dans une telle situation, le gaslighter n'est pas un narcissique typique. Au contraire, parce qu'il a peur des répercussions de son comportement, il va amener l'autre personne à remettre en question sa réalité pour se protéger. Ce qu'il faut savoir, c'est que, quelle que soit la raison pour laquelle une personne fait du gaslighting, sa seule intention est de s'enrichir aux dépens de l'autre personne.

Les auteurs de gaslighting aiment aussi utiliser ces techniques pour se sentir en sécurité, surtout s'ils ont grandi avec un certain niveau d'insécurité dans leur environnement. Le gaslighting étant un comportement appris, l'agresseur l'utilise comme un réflexe de protection pour protéger ses sentiments et l'aider à se sentir maître de sa vie. Ce comportement acquis provient de son environnement et, lorsqu'il constate qu'il fonctionne, il l'essaie sur sa première victime. S'il réussit à manipuler les personnes de son entourage, cela devient une stratégie cognitive de survie.

Confessions de gaslighter

Il est essentiel de comprendre que les auteurs de gaslight sont aussi des êtres humains, malgré leur comportement. Ils ont besoin de se protéger et d'être acceptés, ce qu'ils pensent sincèrement que leurs actions leur apportent. C'est à cause de ce besoin d'acceptation et d'appartenance que les gaslighters peuvent continuer à gazer leurs proches, même s'ils voient leur souffrance. Ils peuvent avoir peur de se retrouver seuls ou d'avoir l'air d'un perdant. Par conséquent, leur instinct de conservation prend le pas sur tout sentiment de culpabilité ou d'empathie.

En tant qu'auteur ayant écouté de nombreuses histoires sur le gaslighting, tant de la part de victimes que d'agresseurs, j'ai entendu des histoires déchirantes qui laissent des hommes et des femmes parfaitement fonctionnels avec des peurs et des angoisses débilitantes pendant une longue période et, dans certains cas, même pour le reste de leur vie. L'une de ces histoires, que j'ai trouvée dans BBC Stories, concerne un avocat canadien du nom de Greg et plusieurs femmes qu'il a gazées au cours de leurs relations.

Au cours de la thérapie, Greg a réalisé qu'il était un gaslighter et, après un examen plus approfondi, il a relié le début de son comportement à une relation qu'il a eue à l'âge de 21 ans. Greg s'est avoué gaslighter en série, avec 11 relations à son actif, et a utilisé des techniques de gaslighting sur chacune des femmes. À l'âge de 28 ans, il a reconnu le modèle de gaslighting dans ses relations et il s'est exprimé afin d'aider les femmes à identifier les signes révélateurs d'un gaslighter.

Sa première relation en tant qu'étudiant en droit a été avec une étudiante en maîtrise du nom de Paula. Il était infidèle et avait plusieurs liaisons dans son dos, mais elle était assez intelligente pour savoir ce qu'il faisait. Greg ne voulait pas rompre avec elle, mais il ne voulait pas non plus renoncer à ses autres amants. Il a donc eu recours à l'incitation à la tromper pour qu'elle ne sache pas ce qu'il faisait.

Il a notamment créé une réalité alternative en l'amenant à s'interroger sur sa relation avec les médias sociaux. Il a commencé à prétendre qu'elle était obsédée par les médias sociaux. Pour rendre ses déclarations plus acceptables pour l'intelligence de Paula, il a commencé par faire une blague sur le fait qu'elle était folle des médias sociaux. Greg laissait une empreinte de son infidélité sur les médias sociaux. Avec le temps, il a commencé à utiliser un langage dégradant lorsqu'elle soulevait des questions sur son utilisation des médias sociaux, lui donnant l'impression qu'elle était simplement dramatique et paranoïaque à propos de ce qu'elle voyait. Il agissait comme si c'était une blague, chaque fois qu'elle le confrontait.

Le gaslighting constant a fait que Paula a commencé à douter de ce qu'elle voyait, croyant qu'elle réagissait de manière excessive et qu'elle n'affrontait pas les situations compromettantes par peur d'être trop dramatique. Elle s'est donc excusée d'avoir douté de lui et a promis de passer moins de temps sur les médias sociaux. Cela a donné à Greg la liberté de continuer à mener son style de vie. Il était au début du schéma comportemental du gaslighting, dans lequel on utilise le mensonge et l'exagération pour offrir un récit alternatif. L'extrémité du spectre implique le recours à des moyens de contrôle, de coercition, de manipulation et parfois même physiques pour dominer l'autre personne.

Selon Greg, bien que Paula soit féministe et bien éduquée, elle a cru le récit qu'il lui a fait, selon lequel les autres femmes étaient des menteuses et des personnes à qui on ne pouvait pas faire confiance. Par conséquent, elle en voulait aux autres femmes et même lorsqu'elle les rencontrait et découvrait qu'elles étaient de bonnes personnes, la version de Greg l'emportait toujours. Avec cette tactique de gaslighting, Greg l'isolait efficacement des autres personnes qui pouvaient lui dire la vérité, tout en alimentant son anxiété à propos de ce qu'elle voyait sur les médias sociaux.

Greg a choisi le type de femme que la plupart des gens supposent ne pas être affectée par la violence psychologique. Il a dit avoir ciblé des femmes intelligentes et ayant réussi dans la vie, qui sont en fait encore plus réceptives à la violence psychologique que leurs homologues moins performantes. Ces femmes ont tendance à être consciencieuses et à faire ce qui est juste, ce qui les rend dignes de confiance et prêtes à faire confiance aux autres plus facilement. Elles sont également agréables et empathiques à l'excès. Ce sont généralement ces qualités qui leur ont permis de réussir dans leur carrière, mais elles peuvent être exploitées, ce qui les rend vulnérables au gaslighting.

Selon Greg, de nombreux agresseurs abordent les relations avec une liste de contrôle ou un plan de ce qu'ils peuvent cibler pour rendre la personne plus vulnérable. Il dit que ses victimes sont toutes venues avec une idée de ce à quoi elles pensaient qu'une relation réussie devait ressembler, souvent des représentations tirées de films et de contes de fées. Il explique ensuite qu'en tant qu'allumeur de gaz, vous regardez ce récit que la victime veut que la relation suive et vous vous mettez à l'élaborer, mais pour répondre à vos propres besoins. Vous commencez alors à faire des choses pendant un certain temps qui soutiennent le récit auquel vous voulez que la victime adhère.

Greg affirme que, bien qu'il n'ait pas été physiquement violent ou agressif avec l'une de ces femmes, avec le recul, il comprend que les dommages qu'il a causés étaient psychologiques. Il conseille aux femmes qui constatent des signes de gaslighting dans leur relation d'en parler à leurs amis masculins. Il explique que les amis masculins sont susceptibles de remarquer un comportement de gaslighting chez d'autres hommes et d'être brutalement honnêtes avec leurs amies. Les amies, en revanche, se laissent facilement intimider et sont susceptibles de dire à la victime ce qu'elle veut entendre. En fait, il se méfiait des amis masculins de son ex-petite amie parce qu'il savait qu'ils pouvaient voir clair dans ses tactiques.

En tant qu'homme, parler du gaslighting est presque tabou, car la plupart des gens pensent qu'un homme ne peut pas être maltraité par sa partenaire, surtout s'il s'agit d'une femme. De nombreux hommes subissent le gaslighting de la part de leur femme ou de leur petite amie pendant des années avant de pouvoir se résoudre à accepter ce qui se passe. Cela montre que le gaslighting ne se limite pas aux femmes, qui en sont les seules victimes.

Dans la même série de la BBC, je suis tombé sur l'histoire d'un Américain dont la femme le gazait, le traumatisant pendant de nombreuses années. S'il faisait des projets avec ses amis, elle soulevait une dispute, l'empêchait de sortir et feignait ensuite de ne pas se souvenir qu'il était censé rencontrer ses amis. Elle appelait son travail et faisait comme si quelque chose n'allait pas à la maison et, lorsqu'il rentrait, elle l'accusait d'avoir réagi de manière excessive, comme si elle n'avait pas donné l'impression que c'était grave. Au final, il a perdu son emploi à cause de ces incidences.

Elle accrochait une photo et lorsqu'il la complimentait, elle prétendait qu'elle était accrochée depuis plus de deux semaines et qu'elle ne pouvait pas croire à sa stupidité de ne pas l'avoir remarquée. Il a commencé à douter de ses souvenirs à cause de ce genre de choses, car il ne se souvenait pas de l'avoir vu auparavant.

Malheureusement, l'aide apportée aux hommes dans les relations violentes est bien moindre que celle apportée aux femmes. On attend des hommes qu'ils mettent un terme à la violence. Mais la vérité est que le gaslighting concerne tous les sexes et que ses effets sont tout aussi dévastateurs.

Êtes-vous un allumeur de gaz ?

Si vous avez des doutes sur le fait que vous êtes un allumeur de gaz, cette simple question peut être le premier point de départ :

Est-ce que vous rabaissez votre partenaire, votre enfant ou toute autre personne qui vous est proche, attendez sa réponse, puis l'attaquez, en lui donnant l'impression d'être incapable de faire un bon jugement ? Vous pouvez penser que leur jugement était erroné sur un sujet particulier. Cependant, si vous en faites une habitude constante, où vous faites douter l'autre personne de sa capacité à prendre de bonnes décisions, vous êtes un gazeur. Le chasseur de gaz inconscient peut penser qu'il est simplement raisonnable ou honnête. Ces personnes croient qu'il faut être brutalement honnête, mais elles ne font qu'être brutales dans leur contrôle de l'autre personne. Ils peuvent vous dire qu'ils sont rationnels et calmes et qu'ils n'aiment pas les expressions d'anxiété. Vous pouvez vous attendre à ce qu'elles disent des choses comme "Vous êtes trop sensible" parce qu'elles se sentent justifiées de dire tout ce qu'elles veulent à leur manière abrasive.

Le gaslighter conscient, quant à lui, est très méthodique dans sa façon de préparer ses victimes à la chute. Il commencera par être très gentil ou serviable et gagnera la confiance de l'autre personne. Au début, leurs coups de gueule prennent la forme de blagues ou d'un sentiment de culpabilité. L'escalade progressive vers une domination et un harcèlement moral à part entière prend des mois, voire des années.

Une autre question à se poser est la suivante : "Vous arrive-t-il d'utiliser des phrases qui amènent la personne à se poser des questions ? Par exemple, les traitez-vous de fous ? Ou que ses amis ou sa famille sont fous ? En lui donnant l'impression qu'elle est irrationnelle dans ses pensées, ses opinions, son choix d'amis ou même ses loisirs, vous l'éclairez.

Pour un allumeur de gaz, chaque acte de contrôle, de coercition et de domination sur sa victime est un voyage de pouvoir et cela peut devenir une dépendance. C'est pourquoi il utilisera les moindres actions de sa victime pour lui donner l'impression qu'elle n'agit pas rationnellement.

La dernière question à vous poser est la suivante : "Est-ce que vous vous sentez peu sûr de vous et trouvez du réconfort à faire en sorte que l'autre personne se remette en question ?" Avec cette question, il est important de chercher à savoir si vous êtes simplement un agresseur émotionnel qui aime avoir le contrôle sur ce que ressent votre partenaire ou un gaslighter qui veut aller plus loin et le discréditer en faisant en sorte que la personne s'interroge sur sa santé mentale.

Trois types d'allumeurs de gaz

Au fil des ans, les psychanalystes ont identifié trois types d'allumeurs de gaz en fonction de leur comportement. Des personnalités respectées dans ce domaine, comme le Dr Robin Stern, directeur associé du Yale Center for Emotional Intelligence, ont mis plus de deux décennies et demie à découvrir les effets de ces allumeurs de gaz et leurs tactiques spécifiques sur leurs victimes. Voici ce que vous devez savoir sur ces trois types :

L'allumeur de gaz glamour

Le Gaslighter de charme commence toujours par se présenter comme un gentleman, ce qui a pour but de faire chavirer sa victime. Si c'est une femme, elle sera élégante et charmante, parfois même délicate et délicate dans ses actions. Elle peut agir comme une demoiselle en détresse, ayant besoin des attributs masculins de sa victime pour venir à son secours. Le chasseur de gaz glamour masculin achètera des cadeaux coûteux et emmènera sa victime dans les meilleurs restaurants, lui donnant ainsi l'impression d'être le centre de son monde.

Il ne s'en prend pas seulement à elle, mais aussi à ses proches, de ses amis à sa famille, faisant d'elle l'envie de tous les membres de son entourage. Mais par de petits moyens, il commence à la contrôler. Au début, il peut s'agir de programmer des activités ensemble qui coïncident avec les projets qu'elle a faits avec sa famille ou ses amis. Cela l'oblige à le choisir plutôt qu'eux. Il fera des remarques subtiles du genre : "Je suppose que passer du temps avec moi n'est pas aussi important pour toi que pour moi". Certains peuvent essayer d'instiller la peur de la rupture en disant : "Ce n'est pas grave. Va traîner avec tes amis. Je vais prendre untel ou untel... mais pour tout te dire... il y avait quelque chose entre nous avant que je te rencontre et elle me tient toujours en haleine." L'objectif est d'insécuriser la victime et de la rendre suffisamment jalouse pour qu'elle abandonne ses projets pour les siens.

Dans le même scénario, la femme Glamour Gaslighter peut s'habiller de manière provocante pour sortir après avoir découvert que l'homme a prévu de sortir avec ses amis. Elle lui fera savoir qu'elle sort avec un ancien petit ami ou un collègue de travail, en lui faisant comprendre que son compagnon a des sentiments pour elle. Le but de ses actions est de le rendre suffisamment jaloux pour qu'il abandonne ses projets. Soudain, elle lui en veut d'avoir réagi de manière excessive et de l'avoir fait culpabiliser parce qu'elle voulait sortir pour passer du bon temps. Elle lui reproche d'être manipulateur et il est obligé de l'apaiser et de lui assurer que ce n'était pas son intention, tout en se demandant s'il a réagi de manière excessive et s'il l'a poussée à changer ses plans pour lui.

L'homme Glamour Gaslighter se mettra brusquement en colère contre sa partenaire pour la moindre petite chose, comme rire d'une blague de son ami, vouloir payer quelque chose lorsqu'ils sont ensemble ou même faire un câlin à un ami masculin. Les accusations vont de la tentative de le ridiculiser en public au fait de ne pas se comporter comme une bonne petite amie. Bien sûr, la femme n'est pas sûre de ce qu'elle a fait de mal et plus elle essaie d'argumenter, plus elle semble le contrarier. Pour ramener la paix dans leur relation, elle va immédiatement essayer d'arranger les choses entre eux en s'excusant et en promettant d'être plus attentionnée. Après tout, c'est un homme bon et elle l'a juste mis en colère par ses actions.

Ce schéma se poursuit et l'amour originel revient par intermittence, mais la plupart du temps, le gaslighter contrôle son partenaire par ses actions et ses paroles.

L'intimidateur Le gazeur

Ce type de gaslighter est une brute, qui utilise l'agression et même la domination physique pour arriver à ses fins. Le chasseur de gaz intimidateur est généralement un homme, car il a la force physique nécessaire pour obliger sa victime à faire ce qu'il veut ou à recourir à la violence. Avec l'Intimidateur, il n'y a pas de références subtiles à ce qu'il veut. Il est plutôt violent et se montre agressif en public,

Ces personnes ont tendance à bouder, à garder le silence, à proférer des menaces et à jouer sur les peurs les plus profondes de leur partenaire pour obtenir ce qu'elles veulent. Par exemple, ils menacent d'emmener les enfants parce que leur partenaire les a sortis de la maison sans sa permission. Si la peur la plus profonde du partenaire est d'échouer en tant que parent, il utilisera cette peur en disant quelque chose comme : "Tu agis exactement comme ta mère et tu sais comment elle était. Je ne pense pas que tu sois une bonne mère pour mes enfants et je vais te les enlever". La victime, en désespoir de cause, promet de lui demander la permission de sortir les enfants. Elle va commencer à croire que ses compétences parentales ne sont pas à la hauteur, ce qui provoque son anxiété.

L'Intimidateur Gaslighter intimidera continuellement la victime, même en présence d'autres personnes, la rabaissant souvent en public.

Le bonhomme gazetier

Ce gaslighter est aimé par la famille de la victime et ses amis lui disent qu'elle a de la chance et qu'elle ne retrouvera pas quelqu'un comme lui. Il se comporte comme un homme ou une femme formidable en public, traitant son partenaire avec respect et affection, mais derrière des portes closes, la façade tombe et il devient vicieux. Le problème avec ce type de gaslighter est que ses actions en public discréditent toute tentative de la victime de brosser un tableau différent. Le bon chasseur de gaz s'appuie sur la perception publique pour garder ses actions cachées. Les victimes ont généralement peur ou honte de dénoncer le chasseur de gaz et, de ce fait, l'agresseur peut s'en tirer avec des années d'abus sans que personne ne sache ce qui se passe.

Par exemple, un Gaslighter Bon Gars peut être en train de prendre un repas avec sa petite amie et celle-ci voit un ami masculin. Celui-ci s'approche de leur table et elle se lève pour le serrer dans ses bras. Contrairement à l'Intimidateur, qui peut se mettre en colère à la suite de ce geste et se montrer agressif envers sa partenaire en public, le Bon Gars tendra la main, se présentera, invitera l'ami à se joindre à eux et se montrera charmant et même amical. Cependant, à l'intérieur de lui, il bouillonne et ni la petite amie ni l'ami ne le savent. À la première occasion, derrière des portes closes, il l'accusera de flirter avec cet homme, d'avoir une liaison et de le ridiculiser. Pourquoi ? À cause de la façon dont ils se sont embrassés ou dont ils se sont regardés. Il lui fait promettre de ne plus revoir son ami.

La victime commence à croire qu'elle s'est peut-être attardée sur l'accolade ou qu'elle était peut-être trop attentive lorsque son ami parlait. Elle s'excuse et promet de ne plus avoir d'interaction avec cet ami. Il se peut même qu'elle cesse complètement d'étreindre ses amis masculins à cause de cela.

CHAPITRE TROIS :

Danser avec le diable

Voir les signes

Être amoureux peut être formidable, mais l'important est de ne pas se perdre dans le processus d'amour de l'autre. Les signes du gaslighting sont clairement visibles si l'on sait ce qu'il faut rechercher. Vous pouvez rechercher ces signes dans tous les types de relations, qu'elles soient intimes, familiales, professionnelles ou même amicales.

Des signes subtils de gaslighting que vous ne remarquez même pas.

Comme je l'ai mentionné précédemment, le gaslighting est une forme graduelle et, dans la plupart des cas, subtile d'abus émotionnel qui peut se dérouler sur des années, laissant la victime complètement désorientée en raison de l'érosion de son sens de la réalité. Voici quelques-unes des techniques utilisées par les auteurs de gaslighting :

Mensonges flagrants

Le Gaslighting est basé sur des mensonges flagrants racontés par l'agresseur à la victime pour la déstabiliser. En introduisant un énorme mensonge délibéré, l'agresseur prépare le terrain pour démolir la perception de la réalité de la victime. En général, la victime sait qu'on lui ment, mais comme le mensonge est dit sans détour et que l'agresseur s'en tient à ses faits alternatifs, le sens de la réalité de la victime est ébranlé et elle commence à douter de sa propre version des faits. Un mensonge après l'autre va bientôt éroder le sens de la réalité de la victime, la rendant dépendante de l'agresseur pour la "bonne" réalité.

Le mensonge est l'un des comportements clés du gaslighting. Nous pouvons même affirmer avec certitude que pour qu'il y ait éclairage gazeux, l'agresseur doit utiliser des mensonges flagrants.

Contrer

Cette technique consiste pour l'agresseur à dire à la victime qu'elle se souvient mal de quelque chose. Cela se produit généralement lorsque la victime et l'agresseur ont vécu le même événement ou que la victime a vu quelque chose que l'agresseur a fait et qui ne correspond pas à ses attentes vis-à-vis de son partenaire. En général, ce qui s'est passé n'est pas un événement agréable.

L'agresseur essaiera généralement de saper la crédibilité du souvenir que la victime a de l'événement. Pour ce faire, il va contrer sa version des faits en fournissant un récit alternatif. Avec cette technique, il y a un semblant de subtilité, c'est-à-dire que la description générale de l'expérience sera similaire dans une large mesure, mais les aspects qui dépeignent l'agresseur sous un mauvais jour seront omis ou modifiés pour être favorables. Par exemple, une femme voit son mari dîner avec une autre femme alors qu'il lui a dit qu'il serait à une réunion d'affaires ce soir-là. Lorsqu'elle le confronte, il reconnaît qu'il dîne avec une femme, mais il s'agit de la cliente qu'il rencontre et ce qui semble être une conversation intime n'est qu'une attention de sa part, car l'affaire est cruciale pour l'entreprise.

Banalisation de

Les Gaslighters aiment banaliser les questions qui importent à la victime. Cette méthode est efficace pour donner à la victime l'impression que son opinion ou sa perception est sans importance. Cela fonctionne extrêmement bien, laissant la victime avec une faible estime de soi et une faible valeur personnelle. Il est plus facile d'isoler une personne qui se sent indigne, car elle croit déjà qu'elle ne compte pas et qu'elle ne manquera à personne.

Lorsqu'ils ne banalisent pas les choses, ils font généralement semblant de ne pas comprendre pourquoi le problème est important pour la victime. Par exemple, si une personne fait pression sur une autre au sujet de ses finances, chaque fois que cette dernière lui posera des questions à ce sujet, l'agresseur dira quelque chose du genre "Je ne sais pas pourquoi tu t'inquiètes de mes dépenses alors que je t'ai dit que nous étions financièrement stables". Ou encore : "Pourquoi me questionnes-tu sur l'argent alors que tu sais à quel point tu es mauvais en matière de finances."

Discréditer

Discréditer la victime est un stratagème tout droit sorti du livre de jeu du gaslighter. Cette tactique consiste à convaincre les personnes qui vous entourent que vous êtes instable et fou. Les allumeurs de gaz de type "bon gars" et les allumeurs de gaz de type "glamour" sont très doués pour convaincre les proches de la victime qu'ils sont un bon parti pour leur partenaire. C'est l'une des raisons pour lesquelles les victimes de gaslighting peuvent ne pas vouloir parler à leurs proches de ce qui se passe derrière des portes closes.

Parfois, même les parents et les frères et sœurs sont tellement aveuglés par le charme de l'agresseur qu'ils ne remarquent pas la douleur et la souffrance de leurs propres proches. Dans certains cas, le système de soutien de la victime est si complètement dépassé par l'agresseur que les personnes du système de soutien commencent également à faire de la lumière sur la victime.

Stonewalling

L'agresseur ferme complètement la porte à sa victime en ne l'engageant pas dans une conversation ou en refusant de l'écouter. Il peut aussi changer de sujet pour ne pas avoir à aborder la question que son partenaire tente de soulever. En général, cette tactique permet à l'agresseur de jouer le rôle de la victime et de lui faire porter la responsabilité du dé-saccord.

Par exemple, si un homme demande à sa femme victime de gasligh-ting où elle était et pourquoi elle n'est pas rentrée à la maison hier soir, la femme peut refuser de répondre ou de l'écouter et sortir de la pièce. Lorsqu'elle revient dans la pièce, elle lui parle du dîner qu'elle a organisé pour lui et ses amis. Si l'homme essaie de ramener la conversation sur le fait qu'elle est restée dehors toute la nuit, elle le culpabilisera de ne pas apprécier les efforts qu'elle fait pour passer un bon moment avec lui et leurs amis. Elle dira probablement quelque chose comme : "Je n'arrive pas à croire que tu sois si égoïste, que tu n'apprécies même pas mes ef-forts pour ce dîner. Au lieu de cela, tu veux me faire sentir coupable de sortir m'amuser avec mes amis. Je suis sûre de t'avoir parlé d'hier soir il y a quelques jours, mais maintenant tu prétends ne pas t'en souvenir."

L'homme se sentira en conflit parce qu'elle fait clairement quelque chose de gentil pour lui en ce qui concerne le dîner. Il se demandera également s'il a oublié ou s'il ne s'est pas concentré lorsqu'elle a men-tionné le dîner alors qu'elle a dit l'avoir fait.

Recadrage

Les auteurs de gaslight sont très doués pour déformer les pensées et les expériences de la victime en faveur de leur récit. Cela contribue à ce que la victime remette en question sa réalité et se fie à la perspective de l'agresseur. Revenons à l'exemple de la femme qui a vu son partenaire dîner avec une autre femme. Lorsqu'il est confronté à cette situation, l'homme peut essayer de recadrer l'expérience et de déformer les pensées de la femme en disant quelque chose comme : "Nous étions tous les deux là et j'étais effectivement en train de dîner avec elle. Mais vous n'êtes certainement pas en train de suggérer que nous ne devrions pas interagir avec d'autres femmes ou d'autres hommes simplement parce que nous nous voyons ? Je ne te ferais pas ça."

Bien entendu, la femme s'empresse de préciser qu'elle n'est pas opposée à ce qu'il ait des interactions avec des femmes, puis elle se demande si elle n'a pas trop interprété ce qu'elle a vu. Il a réussi à déformer ses pensées et à donner l'impression qu'elle sous-entend qu'elle ne veut pas qu'il ait d'interactions avec d'autres femmes. Comme elle dit qu'il est libre de parler à d'autres femmes, il en profitera tout en lui rappelant qu'elle a dit qu'elle était d'accord pour qu'il ait des amies.

Fausse compassion

C'est une tactique très populaire, surtout dans les premiers temps de l'éclairage gazeux dans une relation. Comme la victime n'est pas encore sous l'emprise de l'agresseur, celui-ci va essayer de prétendre que tout ce qu'il fait est pour le bien-être de la victime. Cette tactique permet à l'agresseur de s'attirer les faveurs de la victime et de gagner sa confiance. Avec le temps, il commencera à dire à la victime ce qu'elle doit faire, sous prétexte de la protéger ou d'avoir ses intérêts à cœur.

Au début, l'agresseur commencera par dire : "Je ne veux pas te dire ce que tu dois faire, mais je tiens beaucoup à toi et je veux juste m'assurer que tu vas bien. Si tu veux mon avis, tu ferais mieux de ne pas être amie avec X." Au fur et à mesure que la relation progresse et que la victime peut être contrôlée, cette phrase se transforme en : "Je t'ai toujours dit de mettre un terme à cette amitié parce que je ne fais que veiller sur toi. Mais tu penses que j'essaie de te contrôler. Maintenant, regarde, elle se met entre nous." La fausse compassion est une tactique mortelle qui est utilisée pour isoler la victime de ses amis et de sa famille.

Signes d'avertissement faciles à repérer indiquant que vous êtes manipulé par un gaslighter.

Vous avez la preuve de quelque chose mais ils continuent à le nier :

Les personnes qui pratiquent le gaslighting cherchent à modifier votre réalité. Ainsi, même si vous avez la preuve de ce qu'elles ont dit, elles le nieront et vous accuseront même d'essayer de modifier leur réalité. Il peut être très crédible dans son déni et prétendre qu'il ne sait pas de quoi vous parlez, à tel point que vous commencez à vous demander si vous n'avez pas tort.

Ils utilisent vos peurs, vos échecs et vos doutes comme des munitions :

Lorsque votre partenaire utilise des aspects négatifs et parfois même positifs de votre vie pour vous manipuler, il s'agit d'une relation de gaslighting. Par exemple, il sait combien une promotion, votre famille, vos enfants ou votre carrière sont importants pour vous et il s'en sert pour vous manipuler. Elle vous dira à quel point vous êtes indigne parce que vous n'avez pas obtenu cette promotion ou que votre carrière ne progresse pas, etc.

Dans la plupart des cas, les allumeurs de gaz utilisent les choses les plus intimes que vous partagez avec eux pour vous faire sentir indigne. Ce sont les premières choses qu'ils attaqueront pour vous contrôler et contrôler votre réaction.

Ils mentent constamment

Il mentira à propos de tout, généralement un mensonge par-ci par-là pour appuyer son récit ou miner votre crédibilité auprès de vous-même et des autres. Ces mensonges usent la victime et, au bout d'un certain temps, il semble que seul l'agresseur voit les choses clairement dans la relation.

Ils utilisent occasionnellement le renforcement positif

"Tu vois, ce n'est pas mal du tout. Tu l'as très bien fait parce que tu as écouté ce que j'ai dit. Bon travail, chérie." L'utilisation du renforcement positif déstabilise la victime, qui voit l'homme, la femme, le parent ou le partenaire qu'elle a connu. Elle a alors l'impression que l'agresseur n'est pas si mauvais. Tant que la victime fait ce qu'on lui dit, tout ira bien.

En regardant de près l'action qui a provoqué le renforcement positif, vous remarquerez qu'elle sert l'agresseur.

Ils projettent leurs défauts sur leur victime

Le chasseur de gaz est souvent aux prises avec des problèmes peu recommandables, comme l'infidélité, la toxicomanie et la violence, entre autres. Ainsi, pour détourner l'attention de son propre comportement, il le projette sur sa victime. Par exemple, s'il est infidèle, il accusera la victime de l'être afin de détourner l'attention de sa propre infidélité.

Ils disent aux autres que leur victime n'est pas stable

Vous dénigrer auprès des autres est une tactique qu'un gaslighter utilisera pour obtenir un soutien pour ses actions. S'il dit à votre ami commun que vous avez mauvais caractère, la prochaine fois que vous réagirez à quelque chose qu'il dira en public en présence de cet ami commun, cela renforcera les paroles du chasseur de gaz et vous passerez pour celui qui a un problème. Très vite, le chasseur de gaz vous dira que même l'ami commun est d'accord pour dire que vous avez un problème. Cela ne veut pas dire que l'autre personne a dit cela (rappelez-vous que les gaslighters sont des menteurs éhontés), mais vous êtes amené à croire que les autres vous considèrent également comme un problème.

Les Gaslighters savent que la confusion est le meilleur moyen de désorienter leur victime et de la garder dans leurs griffes. Par conséquent, ils sont très stratégiques pour semer la confusion dans leur relation, tout en ayant le dessus avec les informations correctes. Pour atteindre un bon niveau de confusion, ils dépeignent toutes les personnes liées à la victime comme des menteurs, de sorte que la victime se fie toujours à eux pour obtenir la vérité.

Il est essentiel de connaître les techniques de gaslighting, afin de pouvoir commencer à les identifier si elles se produisent dans votre relation.

Questions à se poser pour évaluer si vous avez un allumeur de gaz dans votre vie

Comme nous l'avons mentionné plus haut, une relation de gaslighting est parsemée de confusion constante et de troubles émotionnels. En effet, ce que vous voyez et ce que vous entendez de votre proche alimente deux réalités très différentes. Vous avez besoin d'un moyen efficace et effectif pour pouvoir dire si vous êtes dans une relation avec un gaslighter. L'introspection est importante, mais n'oubliez pas de regarder également le comportement de l'autre personne. Voici quelques questions pour vous aider à démarrer :

- Vous vous demandez souvent si vous n'êtes pas trop sensible à cause de ce que dit votre partenaire ? Pourtant, vous n'avez pas ce problème avec d'autres personnes ?
- Votre définition personnelle de vous-même est-elle une chose que vous avez identifiée ou qui vous a été signalée par votre partenaire ?
- Vous sentez-vous confus, même en ce qui concerne les informations les plus élémentaires ou la chronologie des événements ?
- Avez-vous tendance à vous remettre en question depuis que vous êtes dans cette relation ? Au point d'étouffer vos opinions parce que vous n'êtes pas sûr de vous ?
- Vous excusez-vous toujours auprès de l'autre personne, même si vous n'avez rien fait qui mérite des excuses ?
- Vous vous considérez chanceux d'avoir l'autre personne, mais vous êtes toujours malheureux et vous n'arrivez pas à savoir pourquoi ?
- Êtes-vous l'excuseur en chef des actions de l'autre personne ?
- Menez-vous une double vie à cause de leurs actions pour éviter les critiques ? Par exemple, faites-vous semblant de vivre votre vie de rêve avec le Gaslighter Glamour juste pour sauver les apparences auprès de vos amis, de vos collègues et des membres de votre famille ?

- Remettez-vous en question votre valeur dans votre relation ou au travail ?
- Avez-vous l'impression que vous ne pouvez rien faire correctement ?
- Vous avez l'impression que quelque chose ne va pas dans votre relation, mais vous n'arrivez pas à savoir ce que c'est ?
- Mentez-vous à votre partenaire pour éviter les réponses sarcastiques, les dénigrements et pour maintenir la paix dans votre relation ?

Vous remarquerez que toutes ces questions ont tendance à tourner autour de votre réalité, de vos instincts, de votre santé mentale et de vos sentiments. Elles vous indiquent si vous vous êtes perdu au profit de votre partenaire. Notez également que ces questions sont très spécifiques à votre bien-être mental.

Pourquoi les victimes choisissent-elles encore de rester ?

Le Gaslighting est une réalité très douloureuse à accepter. Accepter que la personne en qui vous avez confiance, que vous aimez et avec qui vous avez partagé des moments intimes essaie de vous faire perdre votre stabilité mentale n'est pas quelque chose que l'on veut entendre. Dans la plupart des cas, les auteurs de gaslighting ont vu les signes mentionnés ci-dessus ou ont été avertis par des amis et des membres de leur famille, voire par le partenaire précédent de l'agresseur.

La victime doit comprendre que ce n'est pas sa faute et que l'éclairage gazeux est le reflet de l'agresseur. Comme le dit Wayne Dyer, auteur de livres d'auto-assistance, "La façon dont les gens vous traitent est leur karma. La façon dont vous réagissez est la vôtre". Les victimes de gaslighting peuvent choisir de rester dans la relation pour plusieurs raisons, notamment :

Attentes sociétales

Même si nous vivons dans une société où les hommes et les femmes redéfinissent leur mode de vie en vivant seuls ou en ayant des relations ouvertes, la majorité de la population reste attachée au sens traditionnel d'une relation. Cela signifie qu'il est toujours important pour de nombreuses personnes d'être dans une relation monogame, de partager les biens, les enfants et la compagnie pour le reste de leur vie.

En raison de ces attentes sociétales, il est difficile pour de nombreuses victimes de s'éloigner des relations de gaslighting, car elles ont peur de perdre leur statut dans la société. Elles ont également peur de perdre le sentiment d'être aimées et attachées à une personne à laquelle elles tiennent, malgré le fait qu'il n'y ait pas d'amour. Dans certaines cultures, la peur de la stigmatisation du divorce est plus grande que la peur de vivre avec un partenaire violent.

Cela n'aide pas non plus lorsque la société promeut une mentalité de cavalier ou de mort. Même dans les chansons d'amour ou les films romantiques, la femme, en particulier, s'appelle "la nana qui monte ou qui meurt". Cette mentalité n'est généralement pas attendue des hommes dans la société. C'est une femme qui restera aux côtés de son homme dans toutes les situations.

Normalisation de l'abus

Si la victime vit depuis longtemps dans une relation abusive, elle peut commencer à normaliser son comportement. L'éclairage gazeux étant une forme insidieuse et progressive de violence, la victime peut lentement et sans le savoir normaliser le comportement de son partenaire en le rationalisant. Prenons l'exemple d'un agresseur qui utilise la technique de la fausse compassion, dans laquelle il dit à sa victime qu'il ne cherche qu'à la protéger ou à faire quelque chose pour son bien. La victime en vient à associer le comportement nuisible, comme l'isolement ou même la violence physique, à l'amour et à l'attention. Il lui est alors difficile de demander de l'aide, car elle ne voit plus rien de mal dans ce que fait son partenaire.

Danger physique

Les auteurs de gaslight sont capables d'aller jusqu'au bout pour garder leur victime ou garder leur comportement secret. La perte de pouvoir sur leur victime renforce les sentiments d'insécurité et de faible estime de soi du gaslighter. Il est probable qu'il veuille préserver son statut dans l'environnement abusif et dans la société. En conséquence, il peut devenir physiquement violent avec sa victime et peut même aller jusqu'à la tuer.

Dans certains cas, le gaslighter menacera de se faire du mal si la victime s'en va, faisant peser sur elle le poids de son bien-être. Qui veut être responsable de la mort d'un autre être humain, surtout quand on est déjà vulnérable et épuisé soi-même ? Les statistiques des organisations de lutte contre l'environnement domestique montrent que les femmes sont jusqu'à 70 fois plus susceptibles d'être tuées dans les semaines qui suivent leur départ d'une relation violente. Ainsi, lorsqu'une femme quitte une relation, elle doit créer un plan de sécurité pour se mettre hors de portée de l'agresseur.

Perte de l'estime de soi

Au fil du temps, les actions du chasseur de gaz vont éroder l'estime de soi et la valeur personnelle de la victime. Elle a l'impression de n'être bonne à rien ou pour rien. En érodant l'estime de soi de la victime, l'agresseur la rend dépendante de lui pour définir qui elle est. Et comme, dans de nombreuses relations de gaslighting, l'agresseur fait croire à la victime que personne ne l'aimera parce qu'elle est une marchandise endommagée, la personne gazée continuera à rester.

De plus, il est difficile d'échapper au schéma de contrôle qui s'est installé au fil des ans et qui est devenu une partie intégrante de la vie de la victime. C'est l'une des raisons pour lesquelles une victime retournera probablement vers son agresseur lorsqu'il l'implorera de revenir. Les statistiques montrent qu'une personne vivant une relation abusive essaiera de la quitter jusqu'à sept fois avant de la quitter définitivement.

La phase de lune de miel du maquillage

De temps en temps, dans une relation de gaslighting, la victime aperçoit la personne dont elle est tombée amoureuse, généralement lors d'excuses après une situation abusive. C'est le cycle typique de l'abus et il vise à amener la victime à baisser sa garde et à minimiser l'incident abusif. La lune de miel est cependant de courte durée, car l'agresseur doit garder le contrôle de la victime et, pour ce faire, il doit la maintenir dans un état d'abattement.

Pendant la période de lune de miel du maquillage, l'agresseur est particulièrement attentif aux besoins de la victime. Il lui achète des cadeaux, l'aide dans ses tâches ménagères et lui témoigne son amour et son affection. Mais il reste fidèle à son comportement d'éclairage gazeux en faisant reconnaître à la victime qu'elle a de la chance de l'avoir dans sa vie et que tout serait comme ça tous les jours si seulement elle se comportait bien.

Rappelez-vous que le modèle de comportement d'un allumeur de gaz comprend le fait de se mettre dans les bonnes grâces de sa victime afin qu'elle soit aveuglée par des actions d'amour.

Espérer mieux

La victime vit toujours avec l'espoir que l'autre personne changera. C'est l'une des principales raisons pour lesquelles elle trouve des excuses à l'agresseur. Elle croit que si les choses s'améliorent pour l'agresseur, elles s'amélioreront en général. Cela est particulièrement vrai pour les personnes qui ont des difficultés financières ou qui traversent une situation qui bouleverse leur vie, comme une maladie, la perte d'un être cher ou un SSPT. De plus, en raison de leur amour, ils se sentent coupables de laisser l'autre personne au moment où elle est le plus vulnérable.

Religion

Les victimes qui sont profondément religieuses auront du mal à partir car cela va à l'encontre de leurs croyances et de leurs valeurs religieuses. Dans les religions où la séparation ou la révélation d'un abus peut conduire à l'ostracisme, la victime restera probablement dans la relation et pourra même contraindre son entourage qui est au courant de l'abus (comme les enfants) à garder le silence.

Actifs partagés

Le fait d'avoir des enfants, des biens et des finances en commun rend plus difficile la décision de partir. Dans les cas où des enfants sont impliqués, l'agresseur peut, avec le temps, créer un récit pour les enfants qui le favorise. La victime a donc peur de perdre l'affection des enfants si elle quitte la relation. La peur de perdre la stabilité financière, surtout si l'agresseur est mieux loti financièrement, est une raison majeure pour laquelle les victimes restent. Dans les amitiés où se produit le gaslighting, la victime a peur de perdre les amis communs qu'elle a avec le gaslighter. S'ils vivent ensemble, cela peut aussi être une raison de rester dans l'amitié abusive.

Les empathes sont les partenaires parfaits pour les "gaslighters".

Dans le chapitre précédent, j'ai mis en lumière l'histoire de Greg, qui avait un type de femmes qu'il choisissait et sur lesquelles ses tactiques de gaslighting fonctionnaient toujours. Il s'agissait de femmes qui étaient dignes de confiance et empathiques envers les autres. Ces personnes sont connues sous le nom d'empathes et leur disposition naturelle en fait une cible de choix pour les gaslighters.

Les empathes sont définis comme des personnes ayant une conscience élevée de leurs émotions et de celles des autres personnes qui les entourent. Elles sont tellement en phase avec ces émotions qu'elles ont une conscience aiguë des autres dans leur espace, de leur état, de leurs besoins et de leurs difficultés. Ne confondez pas les empathes avec les personnes très sensibles (Highly Sensitive People, HSP), qui ont tendance à être principalement introverties. Les empathes peuvent être soit extravertis, soit introvertis. Si les empathes, comme les PSH, ont tendance à vouloir une vie intérieure profonde et enrichissante et ont un fort désir d'aider les autres, ils vont plus loin en s'immergeant dans les circonstances et les expériences des autres dans le but de trouver des moyens d'aider. Elles vont intérioriser la douleur et l'inconfort de quelqu'un d'autre, en les ressentant aussi étroitement que les leurs.

Les empathes sont tout le contraire des narcissiques. Sur le spectre de la sensibilité, les narcissiques, les sociopathes et les psychopathes se situent à l'extrémité inférieure du spectre, les personnes très sensibles se situent au milieu du spectre et les empathes se situent à l'extrémité supérieure du spectre. Les narcissiques sont attirés par la nature et la disposition des empathes, car ils dégagent la confiance, la sécurité et l'amour qui leur font si manifestement défaut. Contrôler de tels pouvoirs et capacités est séduisant pour quelqu'un qui ne se sent pas au même niveau ou pas du tout. Il s'agit en fait d'une relation parasitaire, où l'agresseur se nourrit de la bonté de sa victime, l'épuise tout en gonflant son ego.

Les empathes doivent comprendre leurs réactions à la peur, aux menaces, au stress et à l'incertitude pour pouvoir développer une manière saine de réagir au gaslighting. La réaction typique d'un empathe dans une relation de gaslighting est d'essayer d'arranger la situation, plutôt que de quitter l'agresseur. Il essaiera de se diminuer, en pensant qu'il se concentre sur la situation dans son ensemble. Parce qu'elles sont tellement en phase avec les sentiments des autres, elles sont prêtes à faire tout le travail pour que les choses fonctionnent et les narcissiques utilisent cette qualité pour les faire culpabiliser lorsque les choses ne vont pas comme ils le souhaitent.

Il est très important que les empathes comprennent que leur rôle dans la relation n'est pas de rendre le narcissique entier et heureux. C'est la responsabilité du narcissique envers lui-même. Vous pouvez être la personne la plus gentille, la plus serviable et la plus patiente de sa vie, mais il ne changera pas pour vous. Il ne peut changer que pour lui-même et vous devez le laisser faire. Le don de la sensibilité est le premier à être exploité par le chasseur de gaz, c'est pourquoi la victime se demande toujours : "Suis-je trop sensible ?".

Les empathes présentent quelques caractéristiques distinctes. Lisez-les ci-dessous pour vous aider à identifier si vous en êtes un :

Vous intériorisez les émotions des autres

C'est la caractéristique principale et classique d'un empathe qui a tendance à absorber les émotions des autres. Cette capacité à capter les émotions d'autrui fait depuis longtemps l'objet d'un débat. Il en ressort que les personnes ayant un niveau élevé d'empathie ont des neurones miroirs extrêmement actifs. Il s'agit de la partie du cerveau qui est capable de lire les signaux émotionnels des personnes qui vous entourent, vous indiquant ce qu'elles ressentent. C'est ce qui vous permet de discerner la joie, la tristesse, la colère ou l'anxiété d'une autre personne. Les empathes sont capables de repérer les signaux émotionnels des autres, comme des yeux qui louchent pour montrer l'anxiété, une bouche qui se ferme ou un changement de ton, ce qui les aide à percevoir ce que l'autre personne ressent.

La profondeur de leurs sentiments est si forte que les événements catastrophiques vus à la télévision ou entendus à la radio peuvent leur causer une grande détresse. S'ils ont vécu un tel événement dans leur passé, cela peut même les handicaper. Les personnes qui vont déposer des fleurs, allumer des bougies ou organiser des veillées sur les lieux d'attentats terroristes ou d'autres tragédies sont des exemples d'empathes dans de telles situations. Ces événements touchent tellement les empathes qu'ils se rendent à l'endroit où ils peuvent se sentir le plus proche des victimes et de leurs familles et faire un geste d'amour et d'attention.

Vous allez par les vibrations

L'ambiance qui règne dans une pièce ou qui émane d'autres personnes est importante pour vous. Vous pouvez vous faire un ami ou non, en fonction de l'ambiance qu'il dégage. Malheureusement, les narcissiques sont très doués pour être prétentieux et leur vibration d'origine peut être trompeuse. Les empathes aiment généralement la nature et le jardinage car ils éprouvent un sentiment de paix et sont dynamisés dans cet environnement. À l'inverse, une atmosphère de conflit, de chaos et de violence sape rapidement l'énergie d'un empathe et peut provoquer son repli sur soi.

Si vous reprenez l'histoire de Kellie Sutton au premier chapitre, vous remarquerez qu'elle était décrite comme heureuse, amusante et dynamique par ses amis et sa famille jusqu'à ce qu'elle entre dans une relation avec Gane. Son environnement l'a fait changer complètement et s'est tellement replié sur lui-même que cela était évident pour ceux qui la connaissaient bien. Les empathes sont incapables de s'épanouir dans des environnements nauséabonds.

Vous comprenez

C'est la raison pour laquelle les gens se tournent vers vous pour obtenir des conseils. Vous avez la tête froide et vous êtes très perspicace. Pour cette raison, les gens sont attirés par vous, y compris certains personnages méchants qui pourraient vouloir profiter de vous. Les empathes sont également d'excellents auditeurs car ils peuvent se mettre à la place de l'autre et ressentir ses émotions.

Vous aimez les êtres vivants

Les empathes aiment la vie et les créatures vivantes les rendent heureux, c'est pourquoi la plupart des empathes ont un animal de compagnie, sont parents ou participent à un effort de conservation d'une sorte ou d'une autre, que ce soit pour la flore ou la faune. Leurs réactions à l'une ou l'autre de ces situations peuvent sembler exagérées à d'autres personnes, mais pour l'empathe, ces créatures et ces plantes *devraient* susciter une telle réaction. Les sentiments d'un empathe sont toujours exacerbés par rapport aux autres personnes. Il est logique que les empathes soient attirés par les carrières dans le domaine des soins, comme les soins infirmiers, les soins aux personnes âgées et d'autres professions de soins.

Vous pouvez être facilement submergé

Comme nous l'avons mentionné, les sentiments des empathes sont très prononcés, donc lorsqu'ils ressentent à la fois des émotions positives et négatives, ils sont susceptibles d'être submergés. C'est peut-être la raison principale pour laquelle le chasseur de gaz peut finalement abattre les murs d'empathie de la victime, car l'empathe peut ressentir la colère, l'irritation et les humeurs négatives émanant de son agresseur. Cela les pousse à vouloir se changer, à se conformer, à accepter une autre vérité et même à accepter la violence pour améliorer la relation.

Vous pouvez détecter les mensonges

Les empathes sont capables de reconnaître les mensonges grâce aux signaux émotionnels subtils du menteur. Ainsi, lorsqu'un empathe se fait mentir par un gaslighter, il ne peut pas facilement accepter que quelqu'un dise qu'il l'aime mais lui mente de manière flagrante. Ils rationalisent le mensonge flagrant en remettant en question leur propre réalité ou perception des événements, surtout lorsque le chasseur de gaz les oriente dans cette direction en disant des choses comme "Ce n'est pas comme ça que je m'en souviens".

Vous avez un effet calmant sur les gens

Votre voix et votre comportement sont apaisants et amènent les personnes qui vous entourent à se calmer ou à envisager une situation de manière rationnelle. Vous remarquerez que vos amis vous recherchent dans les moments d'agitation de leur vie parce qu'ils ont l'impression que vous êtes l'ami qui a la tête froide. Dans le même ordre d'idées, vous ne pouvez pas voir quelqu'un qui souffre et le laisser malheureux. Cela peut être gênant pour vous, mais vous serez là pour votre ami jusqu'à ce qu'il aille mieux.

CHAPITRE QUATRE

Gaslighting dans les relations intimes

La vie avec le charmant allumeur de gaz - L'horrible vérité

Les histoires d'amour des contes de fées ont donné à la plupart des gens un faux sentiment de romance, qui se brise lorsqu'ils commencent à avoir des relations et trouvent des grenouilles au lieu de leur prince charmant. Mais Alexa est réaliste et elle n'a jamais été cette fille qui attend le prince charmant ou qui est prête à se laisser séduire. En fait, lorsque ses amis la décrivent, ils s'accordent tous à dire qu'elle est pragmatique, même si elle est aussi l'une des personnes les plus attentionnées, aimantes, serviables et réfléchies de leur cercle d'amis.

Mais lorsque Nicholas entre dans sa vie, il semble déterminé à lui montrer que la vie de conte de fées existe et qu'il est son prince charmant. Il l'invite à dîner, l'emmène dans des endroits exotiques pour ses vacances, lui offre des cadeaux coûteux, est un gentleman pour elle et un amour pour sa mère. Il était son plus grand soutien lorsqu'il s'agissait de sa carrière de chirurgien esthétique. Elle a été agréablement surprise après une série d'hommes infidèles dans sa vie. Ses amies étaient heureuses pour elle et sa mère était enfin ravie de la voir sortir et s'épanouir, ce qui rendait les écarts qu'elle commençait à remarquer juste après leur mariage difficiles à partager avec elles.

Comme elle avait son propre cabinet de chirurgie esthétique, avec une petite équipe et un associé, elle pouvait voyager avec Nicholas lors de ses réunions d'affaires dans le monde entier. De plus, il aime l'avoir à ses côtés. Il était perdu sans elle et ne pouvait pas se concentrer lorsqu'il était loin d'elle. Nicholas est un homme riche et il commence à lui laisser entendre qu'elle n'a pas besoin de travailler. Il veut une famille et de la stabilité, alors il lui suggère de démissionner pour qu'ils puissent fonder une famille.

Elle a refusé, bien sûr, et c'est la première fois qu'elle a vu l'autre côté de Nicholas. Ils avaient cette discussion pour la énième fois et elle expliquait une fois de plus pourquoi elle ne pouvait pas abandonner sa carrière. Soudain, il jette son verre de scotch à travers la pièce et, les yeux brillants, se tourne vers elle et lui dit : "Tu n'es rien sans moi ! Tu crois que Tabitha (son associée au cabinet) te veut à la clinique ? Elle sait que tu n'es pas si bon que ça et qu'elle peut se passer de toi !".

Alexa a d'abord été choquée, puis elle a commencé à sentir sa colère monter en elle. "C'est un mensonge", a-t-elle dit doucement. Tabitha était sa meilleure amie depuis plus de 15 ans, depuis le lycée, et elles avaient construit le cabinet ensemble, en partant de zéro, il y a 10 ans. Nicholas se lève brusquement du canapé et, changeant de tactique, laisse ses yeux se remplir de larmes avant de dire d'un ton blessé : "Je ne fais cela que pour ton bien. J'ai travaillé dur, pour que la femme que j'aime puisse avoir tout le luxe de la vie et tu refuses continuellement mon geste d'amour, comme si cela ne signifiait rien pour toi. Pourquoi es-tu si cruel avec moi ?" Sur ce, il est sorti en trombe de la maison et elle l'a entendu monter dans sa voiture et partir.

Alexa ne savait pas trop quoi ressentir. Elle était sous le choc de son attaque, de ses remarques désobligeantes sur son travail et de la référence à sa meilleure amie, qui pensait qu'elle n'était pas assez bonne. Est-ce que Tabitha lui a dit quelque chose ? Tabitha ne l'aimait pas depuis le début, mais a semblé cesser d'attaquer son caractère après sa demande en mariage, donc elle a supposé que son amie avait fini par apprécier son mari. Mais pourquoi avoir dit qu'elle était cruelle avec lui ? Elle se sentait mal qu'il pense qu'elle n'appréciait pas le style de vie qu'il lui offrait, mais elle pouvait sûrement être reconnaissante et travailler en même temps ? Soupirant, elle débarrasse le verre brisé qu'il a jeté à travers la pièce et s'installe sur le canapé pour l'attendre et arranger les choses. Il avait peut-être réagi de manière excessive, mais il venait d'un lieu d'amour.

Il était 5 heures du matin quand Nicholas est rentré dans la maison et, quand elle s'est réveillée pour lui demander s'il allait bien et où il était allé, il est passé devant elle. Le traitement silencieux se poursuit pendant quatre jours et, même lorsqu'elle s'excuse, il fait comme s'il ne l'avait pas entendue. Après plusieurs jours d'excuses et de supplications, il a finalement recommencé à lui parler. Mais à chaque fois, il lui disait qu'elle devait quitter son travail. Les commentaires allaient de "Regarde comme tu es fatiguée tous les jours, juste à cause de ce cabinet" à "Nous pourrions être tellement plus heureux si seulement tu quittais ton travail et passais plus de temps avec moi". Parfois, elle le trouvait devant son bureau en train de l'attendre et il lui disait qu'il se sentait seul dans la maison sans elle. Il insistait pour qu'elle l'accompagne à ses réunions d'affaires, où qu'il aille, réduisant ainsi le temps qu'elle passait à son cabinet. Lorsqu'elle lui en a parlé, il lui a répondu : "Je vois bien que ta priorité dans cette relation est ton travail et pas nous. Nous pourrions être formidables, mais tu nous gâches tout en t'accrochant à ce travail."

Alexa a aussi parlé à Tabitha des commentaires qu'il avait fait sur elle, mais Tabitha n'avait pas parlé à Nicholas depuis des mois. En fait, la dernière fois qu'elles se sont parlées, c'était le soir des fiançailles d'Alexa, lorsqu'elle l'a félicité, lui et Alexa. Selon Tabitha, son opinion sur Nicholas n'a pas changé, mais elle respecte la décision d'Alexa et leur amitié, c'est pourquoi elle s'est retirée.

Six mois après le début du mariage, Nicholas a offert à Alexa une voiture personnalisée, haut de gamme, qu'il a garée devant son lieu de travail en attendant de la surprendre. Alexa sort de son bureau en riant avec Tim, l'infirmier en chef de la clinique et, en voyant son mari, s'approche pour lui dire bonjour. Au lieu d'être un homme heureux lui souhaitant un bon anniversaire et lui remettant les clés de la voiture, il lui a à peine souri et lui a jeté les clés de la voiture. Il est resté dans les parages pour voir ses amis et collègues s'extasier devant la voiture et s'exclamer qu'elle avait de la chance.

Sur le chemin du retour pour préparer la fête d'anniversaire qu'il organisait pour elle, elle s'extasiait devant la voiture, mais il ne disait presque rien. Inquiète, elle lui demande ce qui ne va pas et il répond en l'accusant d'être infidèle. Choquée par cette allégation, elle lui a demandé de quoi il parlait et il lui a demandé qui était Tim et comment ils se connaissaient. Lorsqu'elle a répondu qu'il était l'infirmier en chef de sa clinique, il a commencé à la traiter de tous les noms, insinuant qu'ils avaient une liaison et que c'était pour cela qu'elle ne voulait pas quitter son travail. Stupéfaite, elle est restée assise tranquillement sur son siège pendant le reste du chemin du retour.

Elles se sont préparées pour la fête et sont parties ensemble sans un seul mot entre elles. À la fête, Alexa a eu du mal à faire comme si tout allait bien, surtout parce que Tim était là et qu'il était un gaffeur. Lorsqu'elle recevait des cadeaux, elle pouvait à peine croiser le regard de Tim et son étreinte était raide lorsqu'il lui tendait son cadeau. En marmonnant ses remerciements, elle est passée au cadeau suivant, laissant Tim avec un froncement de sourcils. Elle l'entendait demander à Tabitha si elle allait bien. Elle a vu sa mère et s'est précipitée vers elle avec joie, l'embrassant chaleureusement et lui proposant de prendre son manteau. Sa mère a dit discrètement qu'elle voulait la voir en privé pendant une minute. Se demandant ce qui se passait, elle a suivi sa mère à l'extérieur. "Hey maman, c'est super de te voir. Tu vas bien ?" Sa mère n'était pas du genre à mâcher ses mots, alors elle est allée droit au but. "Nicholas dit que tu ne veux pas avoir de famille. Qu'est-ce qui se passe ? Je croyais que c'était ce que tu avais toujours voulu... un mari... des enfants et une maison ?" "Incroyable", murmure Alexa dans son souffle. "Maman, Nicholas veut que je quitte mon travail et que je reste à la maison ou que je voyage avec lui. Tu sais combien j'ai travaillé dur pour obtenir cette clinique avec Tabitha. Je ne peux pas faire ça ! Mais je n'ai jamais dit que je ne voulais pas de famille. Pourquoi dois-je choisir ? Pourquoi je ne peux pas avoir les deux ?" "Il m'a dit que vous refusiez de quitter le cabinet et je dois dire que je suis d'accord avec lui. Il a tout ce dont vous avez besoin et il est un excellent pourvoyeur. Il est financièrement stable pour vous deux, alors pourquoi ne pas suivre son exemple ?"

Stupéfaite, Alexa fixe sa mère. La femme plus âgée commence à s'agiter sous son regard et se racle rapidement la gorge pour ajouter :

"Chérie, je veux que tu sois heureuse et tu n'auras personne de mieux que Nicholas. Il t'adore et veut juste te rendre heureuse. Je pense qu'il a raison quand il dit que tu es paranoïaque à propos de ton indépendance. S'il te plaît, reconsidère ta décision, parce qu'il est vraiment blessé par cette histoire." Alexa s'est sentie dégonflée et la joie de son anniversaire s'est évaporée d'elle. Debout dans l'air chaud de la nuit, elle a commencé à sentir des murs invisibles se refermer sur elle.

Le trajet du retour est tendu et elle se souvient de l'expression du visage de Tabitha quand elle lui a fait part de sa situation pendant la fête. Son amie avait l'air horrifiée, pas seulement à l'idée qu'Alexa abandonne le cabinet, mais aussi par le soutien que Nicholas attendait de sa mère. Lorsqu'elles arrivent dans la maison, Alexa se dirige vers la chambre quand Nicholas, apaisé, lui dit : "Lexie, ma chérie, je suis désolé de t'avoir accusée d'avoir une liaison avec Tim. C'est juste que je ne comprends pas pourquoi tu es si têtue pour me laisser prendre soin de toi. S'il te plaît, donne une chance à ma proposition et je te promets que tu ne le regretteras pas."

"Tu as parlé à maman de nous... de ça ?" Alexa lui a demandé. Flagrant, il a répondu, "Oui, je l'ai fait. J'étais désespéré et je pensais qu'elle pourrait m'aider à te parler. Ta mère sait ce que j'essaie de faire ici. Si j'étais toi, je l'écouterais. Tu sais qu'elle ne te tromperait jamais." Alexa a senti la lutte s'épuiser en elle et elle s'est retournée pour partir. Elle s'est couchée et a sombré dans un sommeil perturbé, interrompu par de forts sanglots. En se réveillant, elle est surprise de trouver Nicholas recroquevillé en position fœtale au pied de leur lit, sanglotant bruyamment et promettant de se tuer si jamais elle cessait de l'aimer. "Pourquoi ne veux-tu pas me rendre heureuse ? Viens et sois avec moi ou je te jure que je vais aller au bureau et ne pas revenir un jour. Promets-moi maintenant. Promets-moi que tu vas quitter ce travail et rester avec moi."

Malgré sa terreur face à ce qu'elle voyait, Alexa a calmé Nicholas en l'apaisant et en lui promettant qu'elle arrêterait à la fin du mois, après avoir mis ses affaires en ordre. Il retourne au lit et la serre contre lui pour le reste de la nuit, comme s'il s'accrochait à elle pour sauver sa vie. Le lendemain, il semblait de meilleure humeur et était plus aimable et jovial. Alexa commence à penser qu'elle devrait peut-être abandonner la pratique pour laisser la paix régner et éviter des épisodes comme celui de la nuit dernière.

Deux mois plus tard, épuisée par les montagnes russes d'émotions, Alexa a finalement démissionné et vendu sa part du cabinet à Tabitha.

Lors de son dernier jour de travail, elle peut à peine s'empêcher de pleurer en pensant à ce qu'elle abandonne. En rentrant chez elle, elle prépare le dîner et informe Nicholas qu'elle est libérée de ses obligations professionnelles, comme il le souhaitait. Elle lui dit qu'elle ne voulait pas qu'il se sente ou réagisse comme il l'a fait le soir de sa fête d'anniversaire, où il a menacé de s'enlever la vie à cause de ses décisions. Immédiatement, Nicholas a répondu : "Ce n'est pas ce que j'ai dit." "Pardon ?" dit Alexa. "Je n'ai jamais dit que j'allais mettre fin à mes jours. Tu dois avoir un mauvais souvenir. J'ai dit que tu devrais promettre de ne pas me quitter, mais je ne suis pas suicidaire. Peut-être que c'est votre truc." dit Nicholas.

Alexa était assise, les sourcils froncés, se repassant la scène de son anniversaire, du cadeau en voiture à la fête et aux gros sanglots de la nuit, et elle aurait pu jurer qu'il avait dit qu'il allait se tuer. C'est pour cela qu'elle était si inquiète au départ et ce qui l'a poussée à sauter le pas et à quitter son travail. Nicholas mâchait sa nourriture et secouait la tête en disant : "Tu es folle. Ta paranoïa devient incontrôlable." Quand elle a insisté pour dire qu'il avait dit ces mots, il lui a ordonné d'arrêter d'essayer de le faire passer pour un fou. Il a insisté sur le fait que c'était elle qui était folle en l'accusant de vouloir se tuer. Alexa a laissé tomber, mais elle se demandait s'il avait raison.

Au cours des trois mois qui suivent son départ, Nicholas se replie sur lui-même et lorsqu'il lui parle, c'est pour lui donner des instructions plutôt que pour lui parler. Il lui donne des instructions sur ce qu'elle doit porter, comment elle doit se coiffer et même à qui elle doit parler. Il coupe toute communication dans la maison, de sorte qu'elle ne peut pas appeler et que personne ne peut le faire non plus. Lorsqu'elle lui a demandé pourquoi il avait fait cela, il a d'abord prétendu qu'il n'y avait aucun problème avec le téléphone et qu'elle était paranoïaque. Ensuite, il a prétendu que la compagnie de téléphone avait un problème et qu'il allait s'en occuper. Lorsqu'elle s'est finalement renseignée auprès de la compagnie et a découvert que leur ligne ne fonctionnait plus parce qu'il avait arrêté le service, elle l'a confronté et il a prétendu l'avoir fait pour son bien. Il savait qu'elle parlait à Tabitha tous les jours et que cela ne l'aidait pas à tourner la page de son précédent emploi et à se concentrer sur la fondation d'une famille.

La mère d'Alexa est venue dîner à la maison un soir et a remarqué qu'elle avait l'air frêle et pâle. "Est-ce que tout va bien Lexie ?" Alexa a décidé de s'ouvrir à sa mère et de lui expliquer comment Nicholas avait changé. Il était plus contrôlant et ne voulait même pas qu'elle aille faire les courses seule. "Il m'a demandé d'arrêter d'aller au yoga et il contrôle même ce que je mange. Tabitha et les filles ne sont pas les bienvenues ici et maman, je crois que je deviens folle parce que je jure qu'il va dire quelque chose et ensuite nier l'avoir dit." Pendant qu'elles parlaient, Nicholas est entré dans la pièce en regardant directement sa femme d'un regard glacial. Mais, quand il se tourne vers sa belle-mère, il lui adresse un sourire affectueux et chaleureux et la serre longuement dans ses bras.

"Salut maman", a-t-il dit. "Tu as l'air en forme." Se préparant une assiette, il a dit : "Écoute, je te répète que Lexie est paranoïaque. Maintenant elle pense que je ne veux pas qu'elle ait d'amis. Pourquoi est-ce que je voudrais ça ?" Alexa a baissé son regard quand il l'a regardé et puis elle a regardé sa mère. Sa mère la regardait bizarrement et brusquement elle lui a demandé de l'aider à servir le dessert qu'elle avait apporté pour le dîner. Dans la cuisine, la mère d'Alexa lui demande directement : "Est-ce que Nicholas t'a déjà frappée ?" "Nooon maman, ce n'est pas physique, c'est juste... je ne peux pas l'expliquer", dit Alexa.

"Eh bien, peut-être que tu lis juste beaucoup plus dans ses actions que tu ne devrais, maintenant que tu es plus à la maison. Comme il l'a dit... pourquoi t'empêcherait-il de voir tes amis ? C'est le mariage, chérie. Vous avez juste besoin de vous comprendre."

Alexa essaie de comprendre son mari, mais plus elle essaie, plus elle ne comprend pas son comportement. Après deux ans de mariage, ils n'ont toujours pas d'enfants car Nicholas dit qu'il veut que tout soit parfait. Lorsqu'elle l'interroge à ce sujet, il répond : "On peut tomber enceinte tout de suite si tu veux, mais avec ta paranoïa, je ne pense pas que tu ferais une bonne mère". Le jour de son anniversaire, il a boudé et quand elle lui a demandé pourquoi il était en colère, il s'est plaint de son cadeau. "Tu me fais les cadeaux les moins chers, ce qui me dit que tu ne m'aimes pas autant que je t'aime. Si c'était le cas, tu investirais dans moi et dans mon bonheur. On pourrait être bien ensemble, mais tu ne fais que tout gâcher."

Il ne l'emmène plus dans ses voyages d'affaires parce qu'elle ne se comporte pas bien et qu'elle est une source d'embarras pour lui. Une fois, au cours d'un dîner avec certains de ses partenaires commerciaux, elle engage la conversation avec un membre important de la délégation commerciale et celui-ci complimente Nicholas pour avoir une femme aussi intelligente et charmante. Immédiatement, il la prend à part et lui dit d'arrêter de le mettre en valeur. Sur le chemin du retour, il explose en disant : "Voilà exactement pourquoi je ne t'emmène plus nulle part. Tu n'as qu'à te donner en spectacle et me faire mal paraître. Tu penses qu'il a cru que tu étais intelligent ? Il était juste poli. Je ne peux pas avoir d'enfants avec quelqu'un comme toi." Alexa était maintenant habituée à ce genre d'accès de colère, elle n'a pas bronché. Au lieu de cela, elle a promis d'être une meilleure épouse, plus calme. A la maison, elle s'est déshabillée et a mis son pyjama, se disant qu'elle était si fatiguée et seule.

Le lendemain, elle informe son mari qu'elle doit aller chez le coiffeur. C'était l'une des choses qu'elle attendait avec impatience, même s'il avait commencé à insister pour que son coiffeur vienne à la maison. Au salon de coiffure, elle croise Tabitha, qu'elle n'avait pas vue depuis près de dix mois. En voyant son amie, les larmes ont commencé à couler sur son visage. Tabitha est choquée de voir à quel point son amie semble abattue. Elle a insisté pour avoir un long déjeuner. Tout en poussant sa nourriture dans son assiette, Alexa raconte à son amie tout ce qui s'est passé. Comme Nicholas lui a confisqué son téléphone et lui a donné un téléphone avec son numéro et ceux de quelques amis, elle ne peut contacter personne.

Alexa a dit qu'elle avait peur de perdre la tête, au milieu de sanglots déchirants. Tabitha a traversé la rue pour lui acheter un téléphone et le lui a donné pour qu'elle le cache. "Si tu as besoin de moi pour quoi que ce soit, appelle-moi et je viendrai, peu importe l'heure de la journée. Garde ça en sécurité, Alexa, c'est ta ligne de vie." Elles sont retournées au salon et se sont fait coiffer et, pendant ce temps, Tabitha pouvait voir des aperçus fugaces de son amie vibrante quand elle souriait. "Pourquoi caches-tu ton sourire derrière ta main ? Tu ne faisais pas ça avant", demande Tabitha. Le voile de la tristesse est immédiatement descendu sur le visage de son amie. "Nicholas n'aime pas mon sourire à cause de mes dents de travers." Quelles dents de travers ? Tes dents sont parfaites, elles l'ont toujours été." À ce moment-là, Tabitha a compris ce que son amie était en train de vivre. Elle se faisait gazer et elle ne s'en rendait même pas compte ! Si elle ne faisait pas quelque chose, la vie d'Alexa serait détruite. Mais que peut-elle faire ?

En se séparant, Tabitha a dit une courte prière pour que son ami soit en sécurité.

En arrivant chez elle, Alexa a été confrontée à un Nicholas furieux. "J'ai appelé le salon pour te parler puisque tu as commodément laissé ton téléphone derrière toi et ils ont dit que tu étais parti avec une autre femme. Qui est-elle ? Ou est-elle un leurre pour que tu puisses rencontrer ton amant ? Je savais que tu ne valais rien et c'est pourquoi je ne peux pas avoir d'enfants avec toi." Alexa a essayé d'expliquer que c'était Tabitha. "Ohhhh Tabitha ! C'est elle qui est venue te chercher pour que tu ailles voir Tim ?" Alexa était tellement épuisée et vidée qu'elle s'est simplement effondrée en larmes et l'a laissé continuer à fulminer et à lui lancer des injures. Quand ça a été trop, elle a couru dans la salle de bain et s'est enfermée à l'intérieur. Elle commençait à peine à se ressaisir quand elle a entendu le bruit d'un appareil électrique à la porte. Ne sachant pas trop ce qui se passait, elle a décidé de se laver le visage avant de sortir. Soudain, elle a vu la porte vaciller sur ses charnières. Il était en train d'enlever la porte par les charnières pour l'atteindre ! Elle était terrifiée de voir la porte démontée et était sûre qu'elle mourrait là aujourd'hui s'il l'atteignait. Au lieu de cela, il a calmement placé la porte sur le côté après l'avoir enlevée et lui a dit : "Je ne veux pas qu'il y ait de barrière entre nous. C'est moi qui te montre que je t'aime."

Cette nuit-là, elle sombra dans le sommeil, encore perturbée par les événements de la journée, avant d'être réveillée par un bruit de verre brisé. Elle pensait que c'était un cambrioleur, alors elle a cherché Nicholas mais il n'était pas au lit. Descendant les escaliers sur la pointe des pieds, elle a murmuré à voix haute, "Nicholas !" Puis, elle a remarqué que la porte du bureau était ouverte. Elle s'y précipite et trouve Nicholas allongé en tas, un verre de scotch brisé à proximité et des pilules sur sa table et sur le sol. Elle a crié et appelé le 911. C'était la troisième fois qu'il faisait ça. Nicholas a été emmené d'urgence à l'hôpital et son estomac a été vidé. Lorsqu'elle va le voir, il la regarde d'un air maussade et lui dit : " Regarde ce que tu m'as fait faire. Je ne peux pas te perdre. Et s'il y a quelqu'un d'autre, je ne te laisserai jamais être heureuse. Si je ne peux pas t'avoir, je ne te laisserai pas avoir la paix sans moi, même si cela signifie que je dois mourir et revenir te hanter."

Alors qu'Alexa se tenait là à le regarder, elle a été frappée par l'impuissance qui l'avait envahie. L'infirmière est entrée et l'a informée que les heures de visite étaient terminées. Elle s'est penchée sur lui et a embrassé son front. "A bientôt, Nicholas." "Viens plus tôt demain, comme ça on pourra passer plus de temps ensemble", a-t-il dit. En sortant, elle attrape un téléphone dans son sac et compose le seul numéro qu'il contient. "Tabitha, viens m'aider à emballer mes affaires."

Alexa a obtenu une ordonnance restrictive contre Nicholas et a demandé le divorce. Elle s'est installée dans un endroit où Nicholas ne pouvait pas la retrouver, en utilisant l'argent de la vente de sa part de la clinique à Tabitha. Aux dernières nouvelles, Nicholas était jugé pour violence domestique. En repensant aux trois ans qu'elle a donné à cet homme, elle se demande ce qui se serait passé si elle n'était pas partie. Serait-elle vivante ou morte ? Dieu merci, elle n'a pas eu à le découvrir. La mère d'Alexa s'est approchée de Nicholas un jour sur le parking d'une épicerie locale et lui a donné une claque retentissante sur le visage. "Ça, c'est pour avoir brisé la chose la plus précieuse de ma vie."

Les 7 étapes du gaslighting dans une relation

Le Gaslighting est une forme persistante d'abus qui ne s'arrête pas et qui est progressivement infligé à la victime. Lorsqu'il est vécu sous une forme légère, il y a un changement subtil de pouvoir dans lequel la victime est toujours soumise à l'agresseur.

Lorsqu'une personne subit un éclairage gazeux grave, elle peut devenir complètement désorientée de la réalité et être complètement contrôlée par l'agresseur. Les dirigeants de sectes sont connus pour utiliser l'éclairage gazeux sévère, qui implique de lourdes tactiques de contrôle mental pour amener leurs membres à commettre des actes tragiques, comme se tuer ou même tuer d'autres personnes, comme dans le cas de Charles Manson et de la famille Manson.

Le gaslighting se déroule en sept étapes. Chacune s'appuie sur la précédente et fait monter le niveau de manipulation d'un cran.

Étape 1 : Exagérer et mentir

J'ai établi que le gaslighting est construit sur une fondation de mensonges. Comme je l'ai dit, sans mensonges, il est impossible de faire du gaslighting. Mais pour être efficace, le mensonge doit être un peu exagéré. L'exagération est destinée à établir des faits différents qui hypnotisent la victime en lui donnant l'impression que l'histoire comporte trop de détails pour être un mensonge. Plus l'embellissement est important, plus l'histoire est crédible.

Les allumeurs de gaz sont passés maîtres dans l'art d'embellir et de créer un nouveau récit autour d'une histoire. Par exemple, vous avez peut-être tous les deux rencontré un de vos amis du sexe opposé et l'interaction a été publique, mais après coup, le gaslighter va embellir la façon dont l'interaction s'est déroulée, afin d'appuyer son récit. Si c'est un ami qui vous a touché l'épaule en vous parlant, le gaslighter déclarera qu'il flirtait avec vous et que vous n'avez rien remarqué, mais il peut dire ce que l'ami essayait de faire. Une simple et innocente rencontre passera d'une interaction amusante à quelque chose d'infâme, soutenue par l'exagération du gaslighter. La victime se demande alors si elle n'a pas manqué quelque chose et remercie le chasseur de gaz de veiller à son bien-être.

Il mentira également à votre sujet à d'autres personnes dans le but de vous discréditer. Par exemple, un patron qui pratique le gaslighting mentira sur vos performances et vous accusera même des erreurs commises dans l'entreprise, même si vous n'avez rien à voir avec le département responsable. Les faits et les preuves peuvent prouver le contraire, mais cela ne signifie pas qu'il n'essaiera pas de vous piéger, juste pour vous discréditer.

Les mensonges sont destinés à briser le seuil de vérité de la victime et à la mettre sur la défensive. Pendant cette phase, vous pouvez vous attendre à entendre des phrases comme :

"Votre département est un gaspillage de ressources parce que vous ne faites rien. Comment justifiez-vous votre salaire ?"

"Tu ne connaîtrais pas la vérité si elle te frappait en plein visage. Tu ne peux même pas te souvenir des détails les plus basiques de l'information, donc je dois continuer à te diriger correctement."

Étape 2 : Répétition

Donald Trump est connu comme le "Gaslighter en chef" et l'une de ses tactiques favorites consiste à répéter des faussetés jusqu'à ce que sa base et d'autres personnes commencent à croire que ses paroles sont vraies. Par exemple, lors d'un de ses rassemblements, il a désigné les membres de la presse qui couvraient l'événement et les a traités de "fake news". La foule s'est mise à huer la presse. Le président des États-Unis a traité les médias de "fake news", ce que croit sa base. Des médias autrefois très respectés, comme CNN et la BBC, ont perdu toute crédibilité auprès de certains membres du public.

Mais ces organes de presse sont-ils vraiment des fake news ? Leurs reportages prouvent que leurs informations sont vérifiées et que leurs sources sont crédibles. En fait, des médias comme CNN ont vérifié les faits concernant certains des mensonges et exagérations flagrants du président, ce qui prouve que la source des fake news est en fait Donald Trump. Mais il a répété cette phrase tant de fois et l'a utilisée pour discréditer les sources d'information crédibles et, ce faisant, a établi un modèle qui est maintenant utilisé par les dictateurs du monde entier. Les dictateurs appellent désormais toute nouvelle défavorable une "fake news".

C'est l'exemple parfait de ce qui se passe quand les gaslighters répètent certaines phrases. Elles deviennent l'alternative à la vérité, mais elles sont acceptées par beaucoup comme la vraie vérité. Dans les relations intimes, le gaslighter utilise des mots comme "fou", "paranoïaque", "malade", "instable" et "dément" pour décrire sa victime en public, ce qui peut amener les amis, la famille et même les connaissances à regarder le "gaslightee" à travers ces lentilles.

La répétition des mensonges permet au gaslighter de dominer la conversation et de maintenir la victime sur la défensive en permanence, ce qui la fait paraître instable, même à ses propres yeux. Certaines victimes se retireront complètement des conversations, afin d'éviter que leur partenaire ne les dépeigne de cette manière, mais l'agresseur utilisera toujours leur silence pour montrer que leur état se détériore. Vous ne pouvez pas gagner avec un allumeur de gaz.

Étape 3 : Escalade

L'escalade se produit généralement dans une relation de gaslighting lorsque le gaslighter est mis au défi, ce qui l'amène à élever la barre. On remarque alors que le gaslighter devient violent, agressif ou menaçant envers son entourage. Il ou elle se concentrera sur les personnes auxquelles la victime accorde le plus d'importance, comme ses enfants ou ses parents âgés, menaçant de leur faire du mal ou de leur enlever leurs enfants.

Le fait de dénoncer les mensonges d'un allumeur de gaz le fait se sentir vulnérable, ce qui l'incite à vouloir reprendre le contrôle. Pour ce faire, il doit trouver quelque chose qui lui permettra de renforcer son contrôle sur la victime, et il se concentre donc sur les choses que la victime aime. Vous pouvez vous attendre à entendre des phrases comme :

"Tu sais, cette paranoïa est la raison pour laquelle je pense que les enfants sont en danger autour de toi. Qui sait ce que tu vas leur dire. Je vais t'enlever les enfants parce que tu es un danger pour eux." Ou bien,

"Tes parents sont mieux sans toi puisque tu deviens de plus en plus fou. Je les placerai dans un foyer et je m'assurerai que tu ne leur causes plus jamais une telle détresse. Ils savent aussi que tu es fou. Imaginez ce que cela leur fait. Tu es une fille/fils horrible."

Rappelez-vous que les auteurs de gaslighting ne jouent pas franc jeu, et qu'ils n'ont donc aucune honte à utiliser des tactiques sournoises sur leurs victimes. L'escalade vise à effrayer la victime et à lui faire comprendre qu'elle n'a aucun recours. Elle crée un sentiment d'impuissance et d'anxiété constante. C'est l'une des raisons pour lesquelles une victime reste dans la relation pendant des années. Elle croit sincèrement qu'elle protège ses proches en restant avec le gaslighter et en lui obéissant. Ne faites pas de vagues et tout ira bien.

Ils peuvent également devenir agressifs et abusifs dans leurs actions envers la victime. Les violences physiques ne sont pas rares dans les relations de gaslighting.

Étape 4 : épuiser la victime

Epuiser la victime est une véritable stratégie utilisée par les gaslighters. Dans l'histoire d'Alex et Nicholas, ce dernier se plaignait constamment du travail de sa femme et utilisait même sa belle-mère pour "faire entendre raison" à sa femme. Lorsqu'elle est restée inflexible, il a menacé de se suicider, lui a infligé un traitement silencieux et lui a fait subir un chantage émotionnel pour la soumettre.

En étant constamment sur l'offensive, le gaslighter maintient sa victime sur la défensive, ce qui peut être un état épuisant, surtout avec une personne que vous aimez. La fatigue du combat s'installe rapidement et la victime ne veut pas être constamment en désaccord avec l'autre personne.

Le chasseur de gaz peut également épuiser la victime en attaquant constamment ses réactions aux situations ou sa perception des événements. Finalement, la victime commence à accepter le récit de son agresseur parce qu'elle se résigne à son sort et est remplie de pessimisme quant à l'avenir. N'oubliez pas que l'objectif du chasseur de gaz est de briser sa victime et de la réduire à néant, ce qui ne peut se faire qu'en l'épuisant par la négativité.

Étape 5 : Encourager une relation de codépendance

Le chasseur de gaz a besoin que sa victime devienne dépendante de lui, il favorise donc une relation dans laquelle la victime se tourne vers l'agresseur pour vérifier la réalité qu'elle vit. Pour créer une relation de codépendance, l'agresseur crée des situations d'insécurité, d'incertitude et d'anxiété constantes chez sa victime. Il fait miroiter certaines choses à sa victime, comme fonder une famille, l'amour, la sécurité ou même la sécurité financière, ce qui met la victime sur des ficelles pour qu'elle soit jouée comme une marionnette chaque fois que l'abuseur en a envie. Vous entendrez des phrases comme les suivantes à ce stade :

"Je vois que tu essaies de bien te comporter, alors je ne te retirerai pas les enfants. Mais tu dois me promettre que tu seras sage car tu sais que j'ai le pouvoir de te les enlever."

"Je t'ai dit que tes amis sont juste jaloux de nous. Tu vois comment ils veulent faire des projets le jour où j'ai prévu notre soirée. Tu es mieux sans amis comme ça. Juste toi et moi bébé, nous sommes assez pour l'autre. On n'a besoin de personne d'autre."

Pour que la codépendance prenne racine, la victime doit être marginalisée par rapport aux personnes qui pourraient lui montrer la véritable définition de l'amour et de l'attention. Le fait d'exposer la victime à des personnes qui l'aiment va à l'encontre de ce que le chasseur de gaz essaie d'obtenir. La victime doit être amenée à croire que l'agresseur est la seule personne qui a ses intérêts à cœur. La relation de codépendance est fondée sur la peur et le mensonge et permet à l'agresseur d'être le partenaire dominant dans la relation.

Le chasseur de gaz aime jouer les sauveurs pour la victime dans la relation, en donnant à l'autre personne l'impression qu'elle est le seul endroit sûr pour la victime. Toute relation codépendante est empreinte de doute et d'anxiété, sans parler de la confusion, et celle-ci n'est pas différente. Malheureusement, une seule personne dans la relation se sent de cette façon.

Étape 6 : Faux espoir

C'est à ce moment-là que la manipulation joue à plein. Le chasseur de gaz crée un scénario dans lequel il donne à la victime un faux espoir que les choses vont revenir à l'amour initial qu'ils partageaient ou à la stabilité qui existait au début de leur relation. La phase de faux espoir consiste à traiter la victime avec gentillesse et à agir comme si l'agresseur se souciait vraiment d'elle. Des dîners intimes, des cadeaux et même des traitements doux sont offerts à la victime. Mais, tout aussi soudainement que la gentillesse et la romance sont revenues, elles seront brusquement retirées.

L'agresseur donne de faux espoirs à sa victime pour la déstabiliser et lui rappeler qu'elle peut être aimée ou rejetée aussi facilement qu'elle peut être aimée. Pendant la période de faux espoir, qui peut durer un jour, deux jours ou même une semaine, l'agresseur construit la victime dans le seul but de la détruire de façon si destructrice qu'elle en sera paralysée.

C'est peut-être l'un des aspects les plus toxiques de l'éclairage gazeux, car l'agresseur inflige intentionnellement des tortures et des tourments psychologiques. Non seulement il sait ce qu'il fait en donnant de faux espoirs, mais il essaie de faire en sorte que la victime se sente coupable lorsqu'il la démolit. À ce stade, vous entendrez des phrases comme :

"Regarde ce que tu as fait. C'est ta faute si nous ne sommes pas heureux. Tu vois à quel point j'essaie de nous faire travailler et puis tu t'en vas et tu essaies de m'humilier en public."

"Qu'est-ce qui ne va pas chez toi ? Pourquoi ne comprends-tu pas ce que j'essaie de faire pour nous ? Si ça ne marche pas, c'est de ta faute, car Dieu sait que j'essaie."

"Pourquoi es-tu habillé comme ça ? Tu veux que je sorte avec toi habillée comme ça ? C'est ça. Il est clair que tu n'apprécies pas ce que j'essaie de faire ici pour toi, alors remonte te changer. Nous ne sortons plus ensemble."

Tous les appels de la victime pour rectifier la situation tombent dans l'oreille d'un sourd et l'agresseur reprend le contrôle, tandis que la victime s'en veut d'avoir ruiné ses chances de retrouver son amour originel.

Cette tactique est utilisée par le chasseur de gaz chaque fois qu'il voit que la victime ne réagit pas à son jeu de contrôle mental ou qu'elle montre des signes de résistance au comportement de l'agresseur. Il s'agit d'une tactique très efficace pour rappeler à la victime qui est le patron.

Étape 7 : La domination

Le but ultime du gaslighter est d'obtenir la domination et le contrôle de la victime. Il le fait afin de profiter de l'autre personne et, dans certains cas, d'avoir accès à ses objets de valeur.

La domination est obtenue par un flux constant et cohérent de mensonges et de jeux d'esprit, y compris la coercition. L'agresseur s'efforce de maintenir la victime dans un état constant de peur et de doute, c'est pourquoi il l'isolera de ses amis et de sa famille, qui pourraient lui donner une perspective et renforcer sa raison. La domination permet à l'agresseur d'exploiter la victime à volonté et sans aucune répercussion.

La tactique du bombardement d'amour

Le bombardement d'amour consiste pour le gaslighter à faire des démonstrations d'affection exagérées à sa victime afin de la manipuler émotionnellement. Outre le gaslighter intimidateur, le gaslighter glamour et le gaslighter gentil utilisent généralement cette tactique. Elle survient au début de la relation, lorsque le chasseur de gaz manipule la réponse de la victime en lui achetant des cadeaux somptueux et en l'emmenant dans des endroits coûteux pour dîner ou en vacances. Certains signes indiquent que vous êtes victime d'une bombe d'amour au début de la relation, par exemple

Dire ce que vous voulez entendre

Nous avons tous des insécurités et lorsque nous les partageons avec un expert en bombardement d'amour, comme un gaslighter, il vous dira systématiquement ce qu'il pense que vous voulez entendre afin de gonfler votre ego ou de gagner votre affection. Par exemple, vous détestez peut-être l'aspect de votre nez (nous avons tous des parties de notre corps que nous n'aimons pas). Le chasseur de gaz vous dira constamment que votre nez est la partie de votre corps qu'il préfère et que, non, il n'a pas l'air d'un faucon - il a l'air royal. Il n'y a pas de véritable honnêteté dans leurs compliments, ils servent plutôt à vous manipuler.

Affirmer que vous pourriez faire mieux

Méfiez-vous du partenaire qui vous dit constamment que vous pourriez faire mieux, car il y a une insécurité sous-jacente en lui. Dans le cas d'un gaslighter, il essaie de gagner votre sympathie et veut donner l'impression qu'il se sent privilégié et humble que vous l'ayez choisi. Au fond, il s'agit d'une tactique de manipulation.

Ils peuvent également commencer à critiquer vos amis, votre choix de carrière, vos collègues et même les membres de votre famille, en disant que vous pourriez faire mieux. Il s'agit d'un stratagème visant à vous isoler des personnes qui vous aiment, afin de renforcer leur manipulation. Si votre partenaire, au début de la relation, commence à suggérer que vos amis ou votre famille n'ont pas votre intérêt à cœur mais que c'est lui qui l'a, il essaie de vous séparer de votre système de soutien. Ces affirmations sont généralement suivies d'un cadeau somptueux ou d'une escapade coûteuse, pour donner l'impression qu'il se soucie de vous.

Ils offrent des cadeaux coûteux

Recevoir des cadeaux coûteux de la part d'un partenaire potentiel au début d'une relation n'est pas un signal d'alarme en soi. Mais certains signes indiquent qu'il s'agit d'une tactique de bombardement amoureux, en particulier si la personne qui offre le cadeau met un point d'honneur à vous dire combien il coûte. Non seulement il cherche à vous impressionner, mais il veut vous faire sentir coupable s'il n'obtient pas ce qu'il veut. Après tout, ils ont dépensé tout cet argent pour vous et tout ce qu'ils demandent, c'est votre amour et votre affection.

Pour le chasseur de gaz, vous dire combien il a dépensé pour vous est un moyen de quantifier son investissement en vous et d'estimer votre valeur en tant que personne.

Ils font de nombreux compliments

Les Gaslighters savent que leurs victimes veulent des compliments. Rappelez-vous, ils savent ce que vous voulez entendre et ils utilisent les compliments pour vous conditionner. Leurs compliments servent à vous manipuler pour que vous soyez ce qu'ils veulent que vous soyez. Avec le temps, leurs compliments vous façonnent. Par exemple, si le chasseur de gaz vous dit que les robes noires vous vont bien, vous allez probablement commencer à porter plus de robes noires afin d'être toujours belle à ses yeux. S'il vous dit que vous n'avez pas besoin de maquillage parce que votre peau est impeccable, vous cesserez probablement de vous maquiller pour lui faire plaisir. Cela vous conditionne pour faire de vous la personne qu'ils veulent avoir à l'avenir.

Manifestations publiques d'affection

Pendant la phase de bombardement amoureux, le gaslighter adore les démonstrations publiques d'affection. Il vous touchera, vous embrassera et montrera un langage corporel chaleureux devant vos proches. Il veut ainsi prouver à tout le monde que vous êtes bien ensemble et que vous lui plaisez. Cela vous donne l'impression d'être l'offenseur lorsque vous essayez de vous éloigner de cette personne. La plupart des victimes se laissent également séduire par le PDA et croient que cela vient d'un endroit authentique.

En retour, ils attendent de vous que vous leur rendiez leur affection en étant obéissant et en écoutant ce qu'ils disent. Lorsqu'ils veulent vous voir, ils attendent de vous que vous laissiez tout tomber et que vous vous présentiez. Si vous n'êtes pas disponible, ils le prennent comme un rejet et ont généralement une réaction extrême à cela. Cela introduit un schéma de réactions extrêmes, d'attentes ingérables et de cette impression de marcher sur des œufs.

CHAPITRE CINQ :

Gaslighting dans la famille

Quand les parents sont des "gaslighters", des vies sont perdues.

Suzie et sa mère étaient proches. Elles sortaient toujours ensemble avec du pop-corn quand elle était petite et regardaient leurs films préférés. Elles parlaient des garçons qu'elle aimait quand elle était adolescente et se téléphonaient tous les jours de la semaine quand elle allait à l'université. Sa mère était une mère célibataire et elle était chaleureuse, amusante, amicale et belle. Elle ne parlait jamais non plus à sa propre mère, qui vivait dans un autre quartier mais dans la même ville.

En grandissant, la mère de Suzie refusait de prendre les appels téléphoniques de sa grand-mère et Suzie n'a rencontré et parlé à la vieille dame que deux ou trois fois dans sa vie. Elle a découvert que sa mère avait un frère qui s'est suicidé à l'adolescence. En grandissant, elle a découvert que sa mère rendait sa grand-mère responsable de sa mort. Un jour, au cours d'un dîner chez sa mère, elle a abordé le sujet de sa grand-mère, demandant de ses nouvelles et pourquoi sa mère ne parlait jamais d'elle.

"Je savais que ce jour viendrait", a dit la mère de Suzie. "Prends cette bouteille de vin et retrouve-moi dans le salon. Je vais aller chercher des photos. Il est temps que tu rencontres ton oncle et ta grand-mère." Dans le salon, la mère de Suzie regarde la photo d'un jeune homme qui lui ressemble et qui lui tient la main. Sur la photo, la maman de Suzie sourit au jeune homme, qui la regarde en souriant. "C'est ton oncle, Tyler. Il était si intelligent, gentil et drôle. Après toi, c'était ma personne préférée dans le monde entier. Il s'est suicidé quand j'avais 13 ans." C'était la première fois que la mère de Suzie parlait de la mort de son frère.

"Ma mère était une menteuse pathologique et méchante comme un serpent à sonnette et Tyler était sa victime de choix. Il était trop sensible et elle l'a détruit jour après jour jusqu'à ce qu'il ne puisse plus le supporter. Elle lui mentait à propos de tout et elle mentait aussi à son sujet. Elle lui a dit que sa petite amie le trompait avec son meilleur ami et quand il a confronté la fille, il a découvert que ce n'était pas vrai. Ils ont rompu et quand mon frère a confronté ma mère, elle a prétendu qu'elle n'avait pas dit ça et qu'il avait dû mal l'entendre. Elle lui a toujours dit qu'il n'avait besoin que d'elle."

"Mon frère en a parlé à notre grand-père, qui a demandé à ma mère. Ma mère a dit que mon frère avait inventé toute cette histoire de tromperie et qu'il lui en voulait maintenant. Elle a dit cela en présence de son frère et a même ajouté : "Tu sais comment il est". "Un jour, nous faisions des courses à l'épicerie et ma mère a glissé de l'eye-liner dans le sac à dos de mon frère. Il a été arrêté par la sécurité du magasin et ma mère l'a accusé de l'avoir volé pour une de ses copines. Mon frère a nié et elle a refusé de le faire sortir de prison ce soir-là, disant qu'il devait apprendre sa leçon. Je sais que c'était elle parce que je l'ai vue faire, mais j'avais trop peur pour le dire à qui que ce soit. Mon grand-père a entendu parler de l'incident et a interrogé mon frère à ce sujet. Ma mère est intervenue dans la conversation en disant que mon frère était un menteur et en ajoutant : "Tu sais comment il est".

Très vite, mon grand-père a commencé à considérer mon frère comme un fauteur de troubles et mon frère était tellement désorienté par ce qui se passait qu'il a commencé à se replier sur lui-même. Ma mère a souvent traité mon frère de menteur, de voleur, de bon à rien, d'idiot... la liste était sans fin. Mon frère a cessé de fréquenter ses amis parce qu'elle appelait les parents de ses amis pour leur dire qu'il avait une mauvaise influence et qu'il se droguait et volait. À l'école, personne ne voulait s'approcher de mon frère et il a commencé à être victime de brimades, très graves. Il n'en a jamais parlé à ma mère, mais il a essayé d'en parler à mon grand-père. Grand-père a appelé maman et lui a dit d'aller à l'école pour découvrir ce qui se passait. Ma mère lui a dit de ne pas s'inquiéter parce que mon frère cherchait juste à attirer l'attention.

Deux semaines plus tard, mon frère s'est ouvert les veines dans les toilettes de l'école. Dans son sac, il y avait une collection de notes d'une des brutes de l'école lui disant de se tuer. La note disait que personne ne voulait de lui, pas même sa propre mère. Mon frère n'a jamais compris pourquoi maman le détestait autant. Ma mère a perdu ma garde au profit de mon père qui s'est occupé de moi et je ne lui ai pas parlé depuis l'enterrement de mon frère. Elle a pleuré à l'enterrement de mon frère, jurant de découvrir ce qui était arrivé à son garçon. Mais c'était juste pour le spectacle. Je ne t'ai jamais laissé t'approcher d'elle parce que c'est un maître dans l'art d'allumer des gaz. Je suis reconnaissante d'être allée vivre avec mon père parce que je pense qu'elle m'aurait fait la même chose."

Les choses toxiques que peuvent faire les parents qui exploitent les gaz.

Ils dictent vos goûts et vos dégoûts

Cela signifie qu'ils disent à l'enfant ce qu'il aime ou n'aime pas. Ils disent des choses comme : "Comment ça, tu n'aimes pas le baseball ?" Ou encore : "Nous sommes une famille de mangeurs de viande. Il n'y a pas de place pour les végétariens dans cette maison". Par conséquent, ils imposent leurs préférences à l'enfant.

Ils ignorent vos sentiments

"Arrête de pleurer !" Ou encore : "Ne pleure pas comme un bébé parce que tu as été frappé pendant un match !". Ce sont quelques-unes des phrases que les parents utilisent pour rejeter les sentiments tristes ou malheureux. Cela conditionne l'enfant à ne pas ressentir ou montrer ses émotions, même lorsqu'il a mal. Finalement, l'enfant apprend à reporter sa douleur sur quelque chose ou quelqu'un d'autre.

Ils minimisent vos réalisations

Les familles toxiques se caractérisent par des tactiques d'intimidation dans lesquelles la victime est rabaissée et ses réalisations ne sont pas validées. Par exemple, si l'enfant est excellent sur le plan scolaire, le père peut lui dire : "Les livres ne comptent pas dans ce monde si tu ne sais pas prendre soin de toi". Ou encore : "Je me fiche des bonnes notes, si tu ne sais pas jouer au ballon, tu n'es pas un homme". Ils se moqueront également de vos réalisations, les qualifiant de stupides et de perte de temps.

Ils vous étiquetteront

On peut vous traiter d'idiot, de paranoïaque ou de personne ayant une imagination débordante. Ces étiquettes sont faciles à apposer sur les enfants car on sait que les enfants ont des amis imaginaires ou jouent la plupart du temps. Mais dans une situation de gaslighting à la maison, elles visent à mettre en doute la réalité de l'enfant.

Si l'enfant dénonce le comportement du chasseur de gaz, le parent le qualifiera de grossier, d'indiscipliné ou de fauteur de troubles, afin de se sentir mieux.

Gaslighting des enfants

Le gaslighting est un phénomène courant dans les familles dysfonctionnelles et le gaslighter est généralement la mère ou le père de l'enfant. Le gaslighting est de nature insidieuse pour quiconque, mais chez les enfants, il est particulièrement dévastateur car le cycle de l'abus émotionnel peut se poursuivre même à l'âge adulte. Les enfants auront également tendance à choisir des personnes qui pratiquent le gaslighting comme partenaires de vie.

Les enfants coincés avec des parents qui pratiquent le gaslighting perdent généralement leur confiance et ont tendance à avoir peu ou pas d'intégrité, sans que ce soit de leur faute. Lorsque l'enfant perçoit le parent comme l'ennemi, c'est particulièrement traumatisant.

4 types de gaslighting dans l'enfance et leurs effets

Même le parent le mieux intentionné peut être un allumeur de gaz sans le savoir. Si vous donnez à votre enfant des informations contradictoires qui contredisent consciencieusement la réalité qu'il a vue, vous l'avez allumé. Par exemple, votre fille ou votre fils vous surprend en train de manger un morceau de chocolat alors que vous avez dit toute la semaine que vous étiez au régime et que vous n'aviez plus de sucreries. Lorsqu'ils vous demandent ce que vous mangez et que vous ne dites rien après avoir avalé le chocolat à la hâte, vous avez gazé votre enfant.

Certains parents aiment les appeler des mensonges blancs, mais ils sont dangereux car ils créent un précédent de réalités alternatives. Si vous le faites fréquemment, votre enfant peut être conditionné à un sens de la perception biaisé.

Quatre types de gaslighting dans l'enfance

L'éclairage à double tranchant

Ce type de parental gaslighting a été identifié pour la première fois en 1965 et il a été associé à la schizophrénie et à un trouble de la personnalité. L'exemple parfait du double éclairage est celui d'un parent qui dit à son enfant qu'il l'aime et peut même parfois l'étouffer dans son amour et qui, l'instant d'après, le rejette froidement ou lui inflige un châtiment corporel.

Le message est très confus pour l'enfant, qui se sent aimé une minute et indésirable la suivante. L'effet d'un tel éclairage est que l'enfant grandit sans être sûr de sa validité et qu'il remet toujours en question ce que les autres lui disent. Des questions comme "Suis-je digne ou non ?" les tourmentent toujours, en particulier dans leurs relations, qu'il s'agisse de leurs partenaires de vie, de leurs amis ou même de leur travail.

Gaslighting axé sur les apparences

Dans ce type d'éclairage, on attend de l'enfant qu'il maintienne le statut de la famille en donnant l'impression que tout est parfait, même si ce n'est pas le cas. Vous constaterez que les victimes d'abus sexuels commis par un membre de la famille ont été exposées à ce type d'éclairage. Les parents axés sur la réussite ont également tendance à se livrer à ce type de gaslighting.

Ce type de gaslighting rend difficile pour l'enfant d'accepter les faiblesses humaines chez lui et chez les autres, en grandissant. Il lui est également difficile d'accepter les autres par peur d'être vulnérable. Le message du gaslighting axé sur l'apparence est que nous devons paraître parfaits et que ce qui se passe dans la famille reste dans la famille. Votre douleur et votre réalité n'ont pas d'importance.

Le gaslighting imprévisible

Dans ce type de gaslighting, l'enfant ne sait pas comment le parent va réagir à une situation. Dans certains cas, il est confronté à une rage incontrôlable et, dans d'autres, le parent est lucide, voire doux et compréhensif. Les parents qui sont maniaco-dépressifs ou qui ont des antécédents de toxicomanie sont les plus susceptibles de se livrer à ce type de gaslighting.

Le message adressé à l'enfant dans ce type de gaslighting est que vous ne pouvez jamais être stable. Tout peut vous arriver à tout moment. En conséquence, l'enfant n'est pas capable de lire le caractère et les intentions des gens lorsqu'il grandit. Il risque donc de se retrouver avec un agresseur similaire comme partenaire de vie.

Négligence émotionnelle gaslighting

Ce type de gaslighting consiste à négliger émotionnellement l'enfant, bien que ses besoins physiques soient satisfaits. Le parent attaque l'enfant parce qu'il montre des émotions la plupart du temps, en disant des choses comme "Ne t'avise pas de pleurer", "Reprends-toi" ou "Je n'ai pas de temps pour les personnes sensibles".

Le message transmis à l'enfant est que ses émotions ne sont pas pertinentes et qu'il ne doit les partager avec personne d'autre. Ces enfants grandissent en sentant qu'ils manquent d'un certain aspect d'eux-mêmes et chercheront des personnes, comme les allumeurs de gaz, qui combleront ce côté d'eux.

CHAPITRE SIX :

Gaslighting sur le lieu de travail

Comment travailler avec un gaslighter a failli faire dérailler ma carrière.

Macy travaillait depuis plus de deux ans dans l'un des principaux hôtels de Dubaï en tant qu'agent de réception. Son travail était exceptionnel et professionnel, ce qui était prouvé par les interactions avec les clients et les éloges de la direction de l'hôtel. Au début de sa troisième année dans le même rôle, un nouveau directeur d'hôtel est embauché. La patronne n'a pas du tout apprécié Macy et, dès leur première rencontre, elle s'est montrée brusque et courte avec elle.

Pensant qu'elle avait peut-être fait quelque chose qui l'avait offensée, Macy a entrepris d'arranger les choses. Elle a demandé à s'asseoir avec elle et a abordé le sujet en lui demandant si la nouvelle responsable avait vu quelque chose dans son travail que Macy devait améliorer. La responsable se lance dans une litanie de choses qu'elle a remarquées chez Macy et qu'elle devrait changer, mais aucune n'est basée sur son travail, il s'agit plutôt de problèmes personnels. "Je n'aime pas la façon dont vous vous coiffez. Etes-vous une blonde naturelle ?" "Oui, je le suis" "Vous êtes sûre ? Parce qu'on dirait que vous avez décoloré vos cheveux. Je n'ai rien contre les blondes. C'est juste qu'on dirait que vous essayez de vous démarquer et d'être plus remarquée. Je pense que ce n'est pas professionnel." "Je vous assure que je suis une blonde naturelle et que ma couleur de cheveux n'est pas un stratagème pour attirer davantage l'attention sur moi", a répondu Macy. "Êtes-vous mariée ?" demande le manager. "Pas encore", a répondu Macy. "Mmmhhhh." dit le manager, comme si tout cela avait un sens maintenant.

Sur ce, Macy est renvoyée. Elle est partie en se demandant si sa couleur de cheveux attirait davantage l'attention et si c'était ce qu'elle cherchait à faire.

Environ trois semaines plus tard, un collègue du bureau de la comptabilité arrête Macy dans le couloir pour lui demander ce qui ne va pas dans son dossier. "Rien, pour autant que je sache", répond Macy. "Pourquoi cette question ?" "Eh bien, le directeur de l'hôtel a demandé tous vos papiers datant de six mois", dit le collègue. "Pourquoi ?" demande Macy. "Je ne sais pas pourquoi, mais elle a demandé spécifiquement vos papiers et ceux de personne d'autre", a répondu l'autre employé. Cet après-midi-là, elle a été convoquée dans le bureau du directeur et a trouvé ses papiers soigneusement placés dans une pile à côté du directeur.

J'ai parcouru votre travail et je dois dire que je suis choquée que vous ayez tenu aussi longtemps ici", commence-t-elle. Vos documents sont bâclés, vous n'avez pas joint les bordereaux de paiement des clients et je ne vois pas les signatures correspondantes sur les bordereaux de carte de crédit. Comment justifiez-vous votre salaire ? Pensez-vous que vous êtes ici juste pour faire bonne figure ?" Stupéfaite, Macy a finalement trouvé sa voix pour dire "Désolé, je suis un peu confus ici. Personne dans le département des comptes n'a soulevé de questions avec moi, donc je ne suis pas sûre de ce que j'ai manqué de faire ici. Puis-je voir un exemple de la paperasse incomplète ?" "Vous pensez que j'invente tout ça ?" demande le directeur. "J'ai des tonnes de preuves ici. Le service comptable ne vous trouve pas non plus compétent. Ils sont tous d'accord avec moi pour dire que votre travail est de mauvaise qualité. Je vous mets à l'essai pendant six mois, le temps de revoir votre travail. Et, puis-je vous suggérer d'envisager une couleur plus foncée pour vos cheveux afin de vous rendre moins visible."

Macy est sortie en titubant du bureau du directeur et s'est rendue aux toilettes pour se laver le visage. "Que se passe-t-il ?", s'est-elle demandée. Elle est à la réception depuis plus longtemps que quiconque et son travail a toujours été digne d'éloges. Le service comptable croyait-il vraiment que son travail était bâclé ? Pourquoi personne n'a rien dit ? Peut-être qu'elle était devenue complaisante et ne donnait pas le meilleur d'elle-même ces derniers temps. Elle s'assurerait que son travail est impeccable.

Pendant les mois qui ont suivi, elle a enduré les critiques constantes, les comparaisons et même les brimades subtiles du manager. Aussi, lorsqu'un poste s'est libéré dans une autre branche, elle a postulé, juste pour ne plus être sous la coupe de son patron actuel. Le directeur en a entendu parler et a appelé le responsable du recrutement pour le "mettre en garde" contre l'offre du poste à Macy. Mais comme Macy était l'une des dernières personnes à avoir été interviewées, le responsable du recrutement lui a tout de même fixé un entretien final. Macy s'étant révélée être la meilleure candidate, le recruteur décide d'avoir une conversation franche avec elle sur sa "réputation".

Macy, je suis très impressionné. Vous êtes clairement la meilleure personne pour ce travail, mais j'ai quelques inquiétudes. Pour commencer, votre patron m'a contacté et m'a fait part de certaines inquiétudes concernant votre travail. J'ai donc demandé au bureau de la comptabilité de me faire part de vos documents et, honnêtement, je n'ai rien trouvé à redire à votre travail. Quelques erreurs ici et là, mais rien d'aussi important que ce que le directeur de l'hôtel a essayé de laisser entendre. Parlez-moi de votre relation avec le directeur de l'hôtel de votre branche." Macy a décidé d'être honnête avec le recruteur au sujet de la relation avec son patron.

"Je ne suis certainement pas surpris d'entendre cela. Cette responsable est devenue une gazeuse notoire, surtout avec le personnel féminin dont elle se sent menacée. J'aimerais vous proposer le poste et j'aimerais également que vous fassiez part de votre expérience au directeur des ressources humaines." Il s'est avéré que cette directrice faisait de l'exploitation gazeuse de ses employés depuis des années et que la plupart des gens avaient trop peur de perdre leur emploi pour dénoncer ses agissements. La recruteuse était l'une de ses victimes et elle avait décidé que trop c'était trop.

Comment identifier le gaslighting au travail

Le gaslighting au travail peut être plus subtil car l'agresseur est plus conscient de son environnement. Il s'agit généralement d'un point d'autorité ou d'un pair de l'agresseur, mais le personnel subalterne peut également être un excellent agent de harcèlement moral, surtout s'il est ambitieux et qu'il vise un poste où la concurrence est rude. Vous pouvez savoir que vous êtes victime de gaslighting au travail lorsque vous observez des signes révélateurs tels que :

- Le chasseur de gaz répand de fausses informations sur vous.
- Vous êtes le sujet de ragots et de mensonges flagrants répandus par une personne spécifique.
- Le gaslighter est très charmant et plein d'esprit avec vous.
- Ils essaient d'obtenir votre contribution, puis déforment vos paroles et les utilisent contre vous.
- Le gaslighter vous discrédite, vous donnant l'impression que vous n'êtes pas digne.
- Ils font des commentaires passifs-agressifs sur vous sous couvert de plaisanteries ou d'amitié.

Comment les tactiques courantes de gaslighting sont utilisées au travail

Contrer

Cette tactique consiste pour le gaslighter à remettre en question votre mémoire des événements, en particulier ceux qui se sont produits lorsque vous étiez ensemble. Par exemple, si vous partagez des clients et que vous avez participé à une réunion ensemble, il peut remettre en question vos notes et laisser entendre que ce que vous avez écrit était inexact, pour ensuite rédiger un rapport reprenant la même version des faits. Lorsqu'on le confronte, il nie ouvertement avoir changé la version des faits, prétendant que vous avez mal compris ce qu'il a dit.

Retenue à la source

Le collègue ou le supérieur retient des informations pertinentes pour votre travail, ce qui vous empêche d'être efficace dans votre travail. Il refuse également de vous féliciter, même lorsque cela est nécessaire, en vous disant des phrases telles que "C'est ce que vous êtes payé pour faire. Il n'y a rien de spécial dans ce que vous réalisez".

Banalisation de

Si vous concluez une affaire ou obtenez une promotion, ils trouvent le moyen de banaliser cette réussite. Ils peuvent dire : "C'est une réussite mineure. À ton âge, j'étais en bonne voie pour devenir directeur général de l'entreprise". Cela amène la victime à penser que ses idées, sa contribution ou ses réalisations ne sont pas importantes.

Mentir

Les Gaslighters au travail mentent afin de dépeindre leur victime sous un mauvais jour. Cela fonctionne à leur avantage car cela jette le doute sur les compétences de leur victime. Cela plonge également la victime dans un état d'anxiété et de doute de soi.

Détourner

Le gaslighter détournera l'attention du sujet du travail pour se concentrer sur la vie émotionnelle ou privée de la victime. Par exemple, le manager de Macy a détourné l'attention de l'objectif de la réunion, qui était que Macy cherche à obtenir un retour sur son travail, pour critiquer l'apparence et le style de Macy.

Phrases que les allumeurs de gaz utilisent sur le lieu de travail.

Les éléments suivants sont courants dans une relation professionnelle de type gaslighting :

- Vous devez vous concentrer.
- Tu ne te souviens pas qu'on en a discuté hier ?
- Je dois toujours me répéter parce que tu ne peux pas te souvenir des choses.
- Si vous pouviez apprendre à écouter, nous n'aurions pas ce problème.
- Tu es trop sensible.
- Arrêtez d'être paranoïaque/irrationnel.
- Tu es trop émotive.
- Tu lis trop dans mes commentaires. J'essaie simplement d'aider.
- Tu entends ce que tu viens de dire ? Qu'est-ce que cela dit de vous ?
- Vous avez un problème à la maison ? Vous êtes toujours en retard sur les choses.
- Je n'ai ce genre de problèmes qu'avec toi.
- Tu as besoin d'apprendre à prendre une blague. Tu es trop sensible.
- Je te rappelle toujours des choses parce que tu es mal organisé.
- Je suis dur avec toi parce que je t'aime bien.

Le patron gaslighting et ses tactiques

Ils disent du mal de vous

Le patron qui pratique le gaslighting trouvera le moyen de vous dénigrer auprès des autres cadres de l'entreprise et de vos pairs. Il s'agit d'une tactique visant à vous faire perdre toute crédibilité auprès des autres membres de l'entreprise, de sorte que lorsque vous vous plaignez, vous n'avez pas d'oreille attentive ni de soutien. Ils vont également mentir de manière flagrante à votre sujet.

Ils déplacent les délais

Un patron qui allume ses subalternes leur impose des exigences déraisonnables dont il sait qu'elles donneront une mauvaise image de l'employé. Par exemple, il repousse une échéance, sachant qu'il sera impossible de produire le travail dans le nouveau délai. Et si on leur demande pourquoi ils ont déplacé l'échéance, ils peuvent nier l'avoir fait.

Ils font des commentaires insultants

Cette tactique relève de la technique de détournement de l'éclairage gazeux. Il dira quelque chose de sournois, comme faire un commentaire raciste déguisé en blague. Si vous l'interpellez à ce sujet, il prétendra que vous êtes trop sensible. Il le dira devant les gens et, lorsqu'il sera confronté à des réactions négatives, il prétendra que vous avez mal compris son commentaire ou que tout le monde le dit.

Ils vous excluent

Vous êtes la seule personne à manquer les courriels importants de l'équipe par accident, ce qui a un impact sur la façon dont vous faites votre travail. À l'extrême, le patron peut même s'attribuer le mérite de vos idées ou de votre travail et vous exclure de la reconnaissance de votre travail. Lorsque vous le confrontez, il vous dira qu'il n'y a pas d'effort individuel et que c'est toujours un effort d'équipe.

CHAPITRE SEPT :

Gaslighting dans les amitiés

Une amitié toxique cachée au grand jour

Mike et Sam étaient amis depuis qu'ils étaient au collège. Tous les jours après l'école, ils passaient des heures dans la cabane de Mike, à faire leurs devoirs, à jouer aux jeux vidéo et aux dames. Ils étaient là pour les premiers baisers de l'autre et ils parlaient de tous leurs béguins. Rien ne pouvait les séparer.

Ils se sont inscrits dans des universités différentes et c'est ainsi qu'ils se sont séparés. Bien que les deux amis se soient rendus visite, leurs visites sont devenues de plus en plus espacées. Trois ans après l'obtention de leur diplôme, les deux amis se sont retrouvés dans la même ville et se sont croisés lors d'une course au café le matin. Mike pensait que la personne qui le précédait dans la file d'attente lui était familière, alors il a passé sa tête au fond de la file pour voir si c'était la personne qu'il pensait être. Et bien sûr, c'était Sam.

Mike quitta la file d'attente et suivit son ami d'enfance alors qu'il sortait du café, l'entourant de ses bras et grondant : "Donne-moi ton café, doucement et lentement". Alarmé, Sam se retourna, prêt à frapper son agresseur potentiel, mais il fut accueilli par le large sourire de son ami. "Ohhh...Mikey ! Oh mon Dieu ! Quoi... Ça fait combien de temps ?" "Trop longtemps, mon frère ! Je ne t'ai pas vu depuis plus de cinq ans. Comment vas-tu ?" répondit Mike. "Je vais bien, mec - je prends juste mon café du matin en allant au travail. J'ai une petite startup technologique, qui développe des applications médicales pour aider les patients à atteindre les soignants plus rapidement. Comment va ton cabinet ?" dit Sam.

"Vous connaissez la loi. Tout le monde déteste les avocats, mais ils aiment bien nous occuper. Comment vont Charlene et les enfants ?" demande Mike. "Tout le monde va bien. Nous serions ravis de vous inviter à dîner. En fait, venez ce samedi, je suis sûr que Charlene ne m'en voudra pas de faire des plans." Sam répond : "C'est une bonne idée ! Voici ma carte de visite. Si vous changez d'avis, faites-le moi savoir", dit Mike.

Les deux amis ont ravivé leur amitié et ont commencé à se voir plus souvent. Pendant leurs sorties, Mike faisait toujours des blagues sournoises sur la course de Sam et son combat pour perdre du poids. Cela commençait par des phrases comme "Pose la fourchette, sinon tu vas redevenir connu sous le nom de "Sam la Bulle"". Et ce malgré le fait que Sam était maigre et en pleine forme. En fait, Mike était le plus grassouillet des deux, mais ses références concernaient les brimades et les moqueries que Sam avait subies au collège à cause de son poids.

Au cours d'une de leurs conversations, il a dit : "Tu sais, ta femme est une vraie maman. Elle adore s'occuper des autres et a une grande présence dans la maison." Choqué, Sam regarde son ami et lui demande : "Qu'est-ce que tu viens de dire ?" "Tu sais, elle a ce caractère nourricier qui est inhérent aux femmes noires. Je suis sûr qu'elle prend très bien soin de toi. Il suffit de te regarder. C'est un compliment, mon frère ! Tu sais que je dis ça parce que j'aime Charlene", répond Mike. Pendant le reste de la soirée, Sam est resté calme et lorsqu'il a raccompagné son ami, son accolade n'était pas très chaleureuse. Devait-il dire à Charlene ce que Mike avait dit ? Elle allait perdre la tête et le confronter. Peut-être que Mike lui faisait un compliment de la meilleure façon qu'il connaisse, mais pourquoi utiliser l'argot d'un maître d'esclaves. Il avait connu Mike toute sa vie et l'homme n'avait pas une once de méchanceté dans son corps. Il ramena cela à l'ignorance de son ami et décida que la prochaine fois qu'ils sortiraient ensemble, il l'éduquerait.

Les deux amis jouaient souvent au golf et, les jours où ils jouaient ensemble, Mike avait la mauvaise habitude de compter le nombre de Noirs par rapport au nombre de Blancs sur le parcours. "De plus en plus de Noirs jouent au golf de nos jours, je suppose. Après Tiger Woods, vous avez tous pensé que vous pouviez le faire. Mais vous savez, la seule raison pour laquelle il a pu franchir la porte, c'est parce qu'il avait une femme blanche et blonde. C'est l'ascension de tout homme noir."

"Mais de quoi tu parles ?" a explosé Sam. "Premièrement, Tiger Woods est le plus grand joueur de golf de tous les temps. Deuxièmement, mon peuple n'a pas besoin d'être encouragé par un homme ou une femme blanche. Qu'est-ce qui t'arrive avec ces commentaires racistes ?" S'éloignant de Mike, Sam a remis son club dans le sac, l'a porté sur son épaule et s'est dirigé vers le chariot de golf. Mike rattrapa Sam et dit : "Pourquoi es-tu si sensible ? Je ne parle pas de toi. Je te respecte et je pensais pouvoir être moi-même avec toi. Pourquoi es-tu si émotive à ce sujet ? Nous sommes amis et nous pouvons parler librement entre nous. Tu agis comme une folle."

Le trajet hors du parcours a été laconique et les deux hommes se sont quittés sans rien dire. Quand Sam est rentré chez lui, sa femme lui a demandé ce qui s'était passé entre lui et Mike. "Comment as-tu su que quelque chose s'était passé ?" a-t-il demandé. "Eh bien, Mike m'a appelé pour me dire que tu étais bizarre, paranoïaque même. Tu t'es emporté contre lui parce qu'il avait fait l'éloge de Tiger Woods et qu'il avait dit qu'il y avait plus de Noirs sur le parcours, ce qu'il trouvait génial", explique Charlene. Sam laisse échapper un gros soupir et demande à sa femme de s'asseoir. "Mike a fait des commentaires très inquiétants sur les Noirs. Il me dénigre à propos de mon poids et, lorsque je le confronte à ce sujet, il dit que je réagis de manière excessive, que je suis trop sensible ou que je suis folle. Je sais ce qu'il dit et ce n'est pas bien."

"Je ne voulais pas te dire ça, mais Mike est venu sur mon lieu de travail l'autre jour et il a dit qu'il était inquiet de la façon dont tu te comportais. Il a dit que tu regardais d'autres femmes lorsque vous étiez ensemble et que tu avais même abordé une femme pour lui demander son numéro. Il m'a demandé de ne pas te le dire, afin qu'il puisse trouver des preuves pour moi. Je ne te l'ai pas dit parce que j'étais honnêtement choquée et cela fait deux jours que je réfléchis à ce que je dois faire de cette information. Mais d'après ce que tu m'as dit, je pense que Mike t'exploite."

Stupéfait, Sam est resté assis en silence pendant un moment, regardant droit devant lui. Soudain, il a dit : "Appelons-le. S'il essaie de nous mettre ça sur le dos, nous saurons qu'il nous manipule. Ou, au moins moi." Ils ont appelé Mike, qui a décroché et a dit, "Hey mon pote. Tu vas bien maintenant ? Tu as réagi de façon excessive là-bas. J'étais inquiet pour toi."

"Avez-vous dit à ma femme que je regardais d'autres femmes et que j'ai demandé à quelqu'un son numéro de téléphone ?" A demandé Sam, calmement. "Quoi... Je... De quoi parlez-vous ? Je n'ai jamais dit ça. Charl..." Mike bafouille avant d'être interrompu par Charlene. "Mike, es-tu en train de dire que je mens sur le fait que tu es venu à mon bureau il y a deux jours pour me dire que tu étais préoccupé par le fait que Sam regardait d'autres femmes et qu'il avait même sollicité le numéro de l'une d'entre elles ?". Charlene a demandé. "Charlene... chérie... tu as dû mal comprendre ce que j'ai dit. Je n'ai jamais dit cela. Ce que j'essayais de te dire, c'est que tu devrais faire attention à bien t'occuper de mon ami parce qu'il y a beaucoup de femmes dehors qui voudraient un homme comme ça. Rappelez-vous, je vous ai même dit que je vous obtiendrais la preuve du nombre de femmes qui le veulent."

Charlene et Sam se regardèrent en silence, tandis que Mike continuait à mentir. "Les gars...les gars...vous êtes là ? Ecoutez, c'est un énorme malentendu. Je peux venir tout de suite et nous pouvons éclaircir tout ça. Je suis en chemin. J'apporte du vin, on peut régler ça et passer une bonne soirée", dit Mike.

"Ne t'approche plus jamais de moi ou de ma famille. Si je te vois ou si j'entends que tu t'es approché de ma femme ou de mes enfants, j'obtiendrai une ordonnance restrictive contre toi." Mike a commencé à sangloter de l'autre côté de la ligne. "Ne fais pas ça, mon frère. On peut régler ça. Je n'ai que de l'amour pour toi et tes enfants. Charlene ment, mec. Tu reviendras vers moi un jour quand elle te larguera et prendra tes enfants. Je sais, je sais."

Sam a replacé le téléphone et a appelé ses fils en bas. "Trey, Tyler, nous devons vous dire quelque chose. Oncle Mike n'est plus le bienvenu ici et vous ne devez plus rien avoir à faire avec lui. D'accord ?" "Bien sûr, papa", dit Trey. "Je ne lui faisais pas confiance de toute façon. Il a dit à Tyler que maman et toi vous vous disputiez tellement qu'il était là pour s'assurer que vous ne divorceriez pas. Il a demandé à Tyler de lui raconter tout ce qui se passait à la maison, pour qu'il puisse vous aider. Quand Tyler me l'a dit, je lui ai dit que c'était un mensonge, mais que nous avions peur de te le dire parce qu'il était ton ami."

Il s'est avéré que la femme de Mike l'avait quitté et avait emmené ses deux filles avec elle à cause de son comportement de gaslighting. Il a pris cette habitude à l'université et l'a utilisée sur plusieurs femmes qu'il a fréquentées et sur certains de ses amis.

Signes d'une amitié toxique

Il est très important de discerner quand une amitié est devenue toxique. Dans certains cas, l'amitié est toxique dès le début et dans d'autres cas, elle le devient progressivement avec le temps. Les signes indiquant qu'une amitié est devenue toxique sont les suivants :

Vous rabaisser

Un ami toxique qui pratique le gaslighting est plus soucieux d'avoir raison et de vous contrôler que de défendre vos intérêts. Dans une amitié saine, les commentaires que tu reçois sont positifs et édifiants, et te motivent même. Les corrections sont faites par amour, et non par méchanceté. Dans une amitié toxique, l'"ami" joue sur vos insécurités et les renforce même afin de vous dominer.

Exercer un contrôle

En parlant de vous dominer, une amitié toxique fait pencher la balance en faveur d'une seule personne. L'ami toxique vous dicte où vous allez, ce que vous faites, et influence même votre façon de vous habiller ou de lui parler. En exerçant un contrôle sur vous, il vous enlève effectivement le pouvoir de faire vos propres choix et se donne le contrôle de ces choix.

Blame

Nous commettons tous des erreurs, mais lorsque la personne qui vous contrôle fait porter le problème sur vous et essaie de se disculper, en vous laissant la responsabilité, vous êtes dans une amitié toxique. Les amis toxiques n'assument pas la responsabilité de leurs actes s'ils ont des conséquences négatives. Vous serez blâmé pour le moindre problème qui survient lorsque vous êtes en leur présence.

Chantage émotionnel

Cette tactique consiste à refuser le soutien ou l'affection à la victime dans des circonstances où elle en a besoin. Les amis toxiques donnent leur amour sous condition et leur amour est uniquement basé sur ce que vous pouvez leur donner. Si vous n'êtes pas disponible pour eux, ils ne vous rappelleront pas, ne décrocheront pas vos appels et ne répondront pas à vos textos. Ils veulent vous donner une leçon en n'étant pas disponibles pour vous.

Humiliation

Les amis aiment se taquiner et les taquineries font partie intégrante de l'amitié, mais les amis toxiques vont encore plus loin en les humiliant délibérément. Ils vont même rire aux dépens de la victime. Si un ami raconte constamment des blagues cruelles sur vous ou rit à vos dépens, il abuse de votre amitié. Si vous avez soulevé ce problème avec votre ami et qu'il vous dit que vous n'avez pas le sens de l'humour, ce n'est pas un bon ami.

Imprévisibilité

Une incohérence dans la personnalité de votre ami qui le rend imprévisible doit être un signal d'alarme. S'il agit de la sorte plus souvent qu'à son tour, il risque de créer un environnement toxique pour votre amitié. Dans ce type d'amitié, vous n'êtes jamais en mesure de vous détendre complètement.

Phrases communes de gaslighting que les amis toxiques disent :

- Tu es trop sensible.
- Si tu étais un bon ami, tu remarquerais...
- Je suis comme ça avec tout le monde, pas seulement avec toi,
- Je plaisantais.
- Vous n'avez aucun sens de l'humour.
- C'est bien d'apprendre à rire de soi.
- Que feriez-vous sans moi ?
- Je peux te critiquer parce que nous sommes amis.
- Tu sais que tu n'es pas sûr de toi en ce moment.
- Ce n'est pas grave.
- C'est ta faute si notre amitié n'est pas meilleure.

CHAPITRE HUIT

Le langage et la culture d'une société de Gaslighting

La culture du gaslighting aujourd'hui

La culture dans laquelle nous vivons est très prompte à juger toute personne dont la réalité ne correspond pas à ce qu'elle croit devoir être une réalité. Par exemple, à l'ère de Trump, toute personne qui ne souscrit pas à l'idée de "Making America Great Again" est mal informée ou pire. Les libéraux sont des fous, les conservateurs sont trop coincés, et tous ceux qui se situent entre les deux n'ont pas les reins assez solides pour soutenir le "cheval gagnant". Voici quelques façons dont le discours américain actuel a contribué à la culture du gaslighting :

Ignorer les minorités

Le gaslighting est plus répandu dans la culture actuelle parce que nous avons marginalisé de nombreuses personnes dont les identités ou les pratiques ne correspondent pas à la définition étroite de ce que nous avons normalisé dans la société. Qu'il s'agisse de la communauté LGBTQ, de différents groupes religieux, de races ou d'idéologies politiques, nous avons exposé des personnes au gaslighting en niant que leurs droits et libertés sont aussi importants que ceux des autres.

Ces dénis ont déstabilisé des communautés entières, qui à leur tour déstabilisent la nation entière. En conséquence, un leadership biaisé, comme celui de Donald Trump et Vladimir Poutine, a pris pied et leurs mensonges et tromperies sont désormais considérés comme la vérité.

Étiqueter les gens

La culture d'aujourd'hui est axée sur les étiquettes. Vous êtes soit un échec, soit une réussite, selon l'endroit où vous vivez, les personnes avec qui vous vivez et votre degré d'indépendance vis-à-vis de votre famille. Cela a conduit les gens à perdre leurs systèmes de soutien, comme leurs parents et leurs frères et sœurs, parce qu'ils veulent avoir l'air de réussir. Inévitablement, lorsqu'ils tombent entre les mains des "gaslighters", ils sont facilement isolés de leur famille, ce qui les rend complètement vulnérables. Ces étiquettes sont utilisées pour mesurer la valeur d'une personne, mais elles servent de point d'appui à un comportement émotionnel néfaste.

Refuser le mérite là où il est dû

La culture d'aujourd'hui s'accommode très bien de l'appropriation culturelle sans comprendre que non seulement les appropriateurs s'attribuent le mérite de ce qu'ils n'ont pas créé, mais qu'ils refusent aussi aux véritables créateurs le mérite qui leur revient. Cette pratique laisse les communautés qui ont créé la tendance à l'origine sans pouvoir. Elle efface et banalise le traumatisme humain historique associé à l'esclavage et à la colonisation. En niant la culture et en encourageant l'appropriation, vous éclairez toute une communauté. Il est alors facile d'exposer les individus de cette communauté à une nouvelle forme systématique d'oppression.

Recréer le passé

Cela signifie nourrir la génération actuelle de mensonges sur ce qui s'est passé dans le passé. Les "gaslighters" essaieront d'effacer les injustices historiques en modifiant le récit pour favoriser le leur. Par exemple, le remaniement de la façon dont les Noirs organisaient les sit-ins et les espaces sécurisés a eu un impact direct sur la réception de la protestation pacifique à genoux de Colin Kapernick contre le meurtre de jeunes hommes noirs. Si l'on ajoute à ce remaniement les propos de ceux qui font de l'éclairage gazeux comme le président Donald Trump, la société se désensibilise au passé et considère désormais la protestation comme le problème.

L'avenir de la société du gaslighting

À l'avenir, le gaslighting se concentrera sur nos enfants et nous leur enverrons le signal que jouer avec la santé mentale d'une autre personne est une manière acceptable d'interagir avec elle. Les cas d'intimidation, où l'intimidateur encourage même la victime à se suicider, sont en augmentation et l'intimidateur a généralement des tendances narcissiques. Ils pensent qu'ils sont en quelque sorte meilleurs que leurs victimes.

Pour déstabiliser cette trajectoire néfaste dans les interactions humaines, nous devons commencer à avoir des conversations avec nos enfants sur le gaslighting, ce qui se passe quand vous êtes gaslitté, comment l'éviter et le surmonter dans les relations et les amitiés.

Afin de lutter contre le gaslighting, nous devons exiger mieux de nos dirigeants et de ceux qui nous entourent. Il ne faut pas que les choses se passent comme si de rien n'était lorsque le président ment ou allume un individu.

Gaslighting et médias sociaux

Le gaslighting dans les médias sociaux est connu sous le nom de cloutlighting. Les médias sociaux sont devenus un lieu d'affaires et d'interactions personnelles, mais ils peuvent aussi être un lieu où l'on trouve la forme la plus infâme de gaslighting. Ils permettent au gaslighter de disposer d'un public plus large pour discréditer sa victime et peuvent même attirer d'autres gaslighters dans la partie de gaslighting, avec la victime comme cible principale.

Prenez, par exemple, un groupe d'amis dont l'un d'entre eux est un gaslighter. Elle organise des événements et exclut sa victime du gaslighting, puis publie des photos d'elle avec les autres amis sur les médias sociaux, sachant que la victime les verra. Si la victime demande pourquoi elle a été exclue, le gaslighter la fait passer pour une mauvaise personne devant les autres amis, la discréditant ainsi. Si elle ne demande rien, elle se demande constamment ce qu'elle a fait de mal pour être exclue de l'événement. Dans un tel scénario, il est très facile pour le gaslighter d'impliquer les autres amis et de les rendre complices du gaslighting. Très vite, la détresse de la victime devient une source de divertissement pour le reste du groupe, qui ne sait pas ce qui se passe en coulisse entre la victime et le gaslighter.

Le cloutage consiste à exploiter la victime sur les médias sociaux pour choquer et même parfois divertir les autres. Avez-vous déjà vu la vidéo d'un homme ou d'une femme qui semble réagir de manière excessive à une situation apparemment normale et qui semble drôle au détriment de la personne dans la vidéo ? Imaginez un instant que la personne se trouve dans une relation abusive et qu'elle vient de se faire gazer. L'agresseur l'enregistre et le met en ligne. Vous venez de voir une victime de cloutage. L'agresseur cherche à obtenir la sympathie des spectateurs de la vidéo et à dépeindre la victime sous un mauvais jour. Votre commentaire désagréable sur la victime est utilisé par l'agresseur pour renforcer la violence psychologique en cours.

Des phrases familières et quotidiennes que les gens utilisent pour faire pression sur les autres :

- Vous prenez les choses trop à cœur.
- Tu ne sais pas prendre une blague.
- Tu es trop sensible.
- Nous avons parlé de ça, tu ne te souviens pas ?
- Je dois me répéter ?
- Tu ne penses pas que tu réagis de façon excessive ?
- Vous aimez sauter aux mauvaises conclusions.
- Vous vous entendez ?
- Arrêtez de prendre les choses si sérieusement.
- Pourquoi es-tu contrarié par une blague ?

Phrases néfastes que les auteurs de gaslight vicieux utilisent pour désarmer les gens :

Vous imaginez des choses.

Cette phrase est censée vous faire douter de votre perception de ce que vous avez vécu. Une fois que vous commencez à douter de vous-même, le chasseur de gaz commence à prendre le contrôle.

C'était une blague.

L'utilisation de cette phrase vous donne l'impression d'être déficient en humour et vous ne devez pas lire dans ce que dit le gaslighter. Même si le gaslighter dit que vous devez prendre la blague au pied de la lettre, il veut en fait que vous intériorisiez le sens de la blague et que vous commenciez à douter de vous-même.

Tu réagis toujours de façon excessive. Tu es trop sensible.

Cette phrase donne l'impression que votre réaction face au gaslighter est défectueuse. La réaction correcte est celle qu'ils vous demandent, c'est-à-dire de ne pas être trop sensible.

Tu dois te détendre ou laisser tomber.

Il s'agit d'une phrase très méprisante qui est censée banaliser vos sentiments et les rendre insignifiants. Elle est utilisée en public pour dévaloriser votre valeur dans les cercles sociaux.

Tu es fou.

Cette phrase est populaire car elle présente la victime comme instable et suscite en même temps la sympathie de l'agresseur.

CHAPITRE NEUF

Les effets à long terme du Gaslighting

Comment les victimes se sentent et leur état d'esprit pendant le processus de gaslighting.

La vérité toute simple qui se cache derrière le sentiment de la victime de l'éclairage gazeux est une perte de valeur. Elles ont tendance à se sentir complètement dévalorisées et indignes de leur agresseur, ce qui est exactement ce que ce dernier veut qu'elles ressentent. Le cycle de l'état d'esprit d'une victime de gaslighting, tel qu'il se présente, comprend :

Incrédulité

En général, la victime n'arrive pas à croire que l'agresseur a changé. Elle commence à penser qu'elle doit en faire plus pour rétablir l'équilibre sain qui existait auparavant. Dès le début de l'éclairage gazeux, elle trouvera des excuses à l'agresseur, croyant qu'il ne s'agit que d'une bosse dans la relation.

Défense

Plus l'agresseur s'en prend à la victime, plus il essaie de la briser, mais au début, il reste encore de la combativité chez la victime. À ce stade, elle repoussera les attaques, car l'éclairage gazeux ne l'a pas encore complètement envahie.

Dépression

Cette phase suit rapidement la phase de défense, car la victime peut avoir l'impression qu'elle n'est pas capable de supporter les abus et les rabaissements constants. À ce stade, elle a l'impression de faire constamment de mauvaises choses et que son espace personnel est constamment malmené, si bien qu'elle sombre progressivement dans la dépression.

Sortir de la dépression est difficile et c'est à ce stade que le chasseur de gaz commence à gagner. À ce stade, l'agresseur ne peut pas se permettre de relâcher son tourment psychologique, il isolera donc la personne afin d'avoir un accès incontesté à elle.

Effets généraux et impact profond du gaslighting

Il existe plusieurs effets généraux du gaslighting à rechercher chez vous ou chez votre proche si vous suspectez un gaslighting :

Remise en question

Les remises en question sont le résultat direct de l'érosion de la confiance, car l'agresseur donne à la victime l'impression que son jugement est erroné sur tout. Elle se demande constamment si ce qu'elle a vu était réel, ou si elle a pris la bonne décision.

Peur

Une aura générale de peur entoure la victime du gaslighting. Elles ont constamment peur de contrarier leur agresseur, de tout perdre, que personne ne les croie et de tout recommencer.

S'excuser constamment

L'agresseur met toujours la victime en mode défensif, de sorte qu'elle s'excuse constamment pour ses "défauts" qui brisent la relation. La victime peut même commencer à s'excuser de son existence, ce qui signifie qu'elle est très fragile mentalement et qu'elle pourrait se faire du mal.

Dépression

Il est courant pour les victimes de gaslighting de devenir déprimées et mélancoliques. Rien ne les sort de leur brouillard de tristesse et elles acceptent constamment les abus et les dénigrements du gaslighter comme une récompense méritée.

Informations sur les retenues à la source

Les victimes sont généralement conditionnées à ne pas divulguer d'informations parce que l'agresseur essaie de monter tout le monde contre elles. Si elles ne trouvent pas de soutien auprès de la première personne à qui elles en parlent, elles ne se sentiront peut-être jamais capables d'en parler à quelqu'un d'autre. De plus, une grande honte est toujours associée à toutes les formes d'abus et les victimes sont généralement celles qui en ont le plus honte.

Indécision

La victime aura du mal à prendre les décisions les plus simples et cherchera à ce que quelqu'un les prenne pour elle. Cela est dû au fait qu'elle dépend de son agresseur pour prendre toutes les décisions. S'il n'est pas présent, la victime peut devenir complètement incapable de prendre la décision la plus élémentaire.

Culpabilité

Certaines victimes se sentent coupables de dire à quel point leur agresseur est mauvais alors qu'il a été si bon dans le passé. Les amis et la famille peuvent avoir l'impression d'être ingrats ou d'être des chercheurs d'or.

Traumatismes et symptômes émotionnels

Il est important de reconnaître que les victimes de gaslighting ont été si profondément traumatisées qu'il faudra des années pour réparer les dégâts, si tant est qu'ils puissent être réparés. La majorité des victimes présentent ces symptômes de traumatisme, qui peuvent être contrés à temps s'ils sont identifiés suffisamment tôt :

- Hypervigilance (anticipation d'un traumatisme supplémentaire).
- Flashbacks d'événements douloureux, qui surviennent à toute heure du jour ou de la nuit.
- Une anxiété accrue.
- Des sautes d'humeur imprévisibles.
- Confusion mentale.
- Souvenirs intrusifs.

Il s'agit de symptômes fondamentaux qui ont mis des années à se développer et qui peuvent être gérés, mais qui ne disparaissent jamais vraiment.

Dissonance cognitive

Comme je l'ai dit précédemment, la dissonance cognitive est l'état d'esprit dans lequel une personne a deux croyances différentes et l'une va à l'encontre de l'autre, en raison d'un stress psychologique. Les victimes de gaslighting croient que leur survie dépend de leur agresseur et qu'il est acceptable que le gaslighter se comporte comme il le fait. La colère et la haine manifestées par l'agresseur sont dues au fait qu'il les aime et qu'il les protège contre eux-mêmes.

Par exemple, une femme dans une relation abusive déteste la douleur et les abus, mais elle a encore plus peur de ce qu'elle devra affronter sans lui. Après tout, il l'aime. Elle est prête à mourir plutôt que d'affronter la vie sans son agresseur, et elle défend donc son comportement auprès de sa famille et de ses amis. Dans le gaslighting, la victime essaie de mettre en sourdine sa dissonance cognitive pour survivre au conflit interne qu'elle ressent. Cela l'aide à gérer son anxiété primitive découlant de la situation dans laquelle elle se trouve.

Malheureusement, pendant cette période, elles se persuadent que les choses ne vont pas si mal et que lorsque l'agresseur leur témoigne un peu de gentillesse, elles croient que les choses vont s'améliorer. Pour les victimes de l'éclairage gazeux, la dissonance cognitive devient une béquille sur laquelle elles s'appuient pour survivre à leur enfer.

Comment le gaslighting dans les relations toxiques fonctionne pour éroder la réalité et le sens de soi.

Le chasseur de gaz a toujours une longueur d'avance sur sa victime dans son jeu, ce qui signifie qu'il a déjà planifié l'utilisation de ces trois étapes pour éroder la réalité et le sens de soi de sa victime :

La phase d'idéalisation

À ce stade, le gaslighter se met en avant, manipulant efficacement la victime pour qu'elle lui fasse confiance. La victime ne peut rien faire de mal selon le narcissique, qui lui prodiguera attention et affection. Il fait croire à la victime qu'elle est dans une relation amoureuse et l'incite à baisser sa garde.

La phase de dévaluation

Pendant cette phase, le gaslighter devient froid et calculateur envers sa victime. Elle ne peut rien faire de bien et est constamment assaillie de critiques à la place de l'amour. Cela plonge la victime dans la dépression et elle essaie de plus en plus de rendre son agresseur heureux, sans succès. Elle commence à se sentir indigne et à avoir l'impression d'échouer. Cette étape est extrêmement dévastatrice car elle peut facilement tracer le modèle des relations futures.

L'étape de la mise au rebut

C'est la période pendant laquelle l'agresseur cherche à se débarrasser de sa victime. Il peut la quitter, la faire interner pour instabilité mentale ou même la faire tuer. Le plus important est de s'en débarrasser. Plus la victime essaie de s'accrocher à la relation, plus l'agresseur devient puissant et cruel. Le chasseur de gaz fera toujours miroiter la possibilité de se débarrasser de sa victime pour qu'elle s'accroche encore plus.

CHAPITRE DIX :

Preuve de Gaslighting

Techniques courantes d'éclairage par le gaz que vous devez connaître pour le moment où elles vous touchent.

Mensonges et déni

La seule chose que nous avons pleinement établie est qu'un allumeur de gaz est un menteur. Il est prêt à mentir de manière flagrante sur tout et n'importe quoi. Le schéma de mensonges est utilisé pour conditionner sa victime et s'imposer comme son point d'autorité.

Projection

Le gaslighting se caractérise par le fait que l'agresseur projette ses propres échecs et insécurités sur la victime. S'il est négligent, il reprochera à la victime d'être négligente. S'il a du mal à respecter l'heure, il reprochera à la victime d'être constamment en retard alors qu'elle a deux minutes de retard. S'ils trichent, ils accuseront leur victime de tricher pour couvrir leurs actions.

Détourner

Le chasseur de gaz détournera la conversation en changeant complètement de sujet et en refusant de reconnaître les préoccupations de sa victime. Parfois, il refuse complètement d'écouter ou de répondre aux questions soulevées par la victime.

Incongruence

Cela signifie qu'ils ne pensent pas ce qu'ils disent. Les mots venant d'un gaslighter peuvent ne pas correspondre à ses actions. Il dira "je t'aime", suivi d'actions peu aimantes, comme le traitement silencieux, les regards froids ou la bouderie.

Contrer

Remettre en question les souvenirs et la réalité de la victime est un jeu pour le chasseur de gaz et il jouera le jeu aussi longtemps que vous serez ensemble. Il adore que vous deviez compter sur lui pour obtenir des informations.

Isolation

Lorsque vous remarquez que votre partenaire potentiel essaie de creuser un fossé entre vous et vos proches, il est temps de vous demander pourquoi. L'isolement est la clé de l'efficacité du gaslighting car il laisse la victime vulnérable aux attaques de l'agresseur sans aucun système de soutien.

Les 5 étapes du gaslighting : Apprenez comment ils s'y prennent

1. Ils utilisent votre peur contre vous

Vous avez laissé entrer le chasseur de gaz et il est maintenant proche de vous et en confiance. Vous vous confiez à lui et, au lieu de vous protéger, il utilise vos peurs contre vous. Par exemple, pendant longtemps, les Américains n'ont cessé de dénoncer l'État profond et le marécage de Washington. Donald Trump a utilisé ces peurs et ces préoccupations pour gazer le peuple américain et chaque fois qu'il est pris à partie, il dit que l'État profond est après lui parce qu'il travaille pour les Américains.

2. Ils agissent comme s'ils en savaient plus sur vous que quiconque.

Chaque fois que vous vous disputez avec un allumeur de gaz, il uti-lisera quelque chose de négatif à propos de vos défauts contre vous. Par exemple, si vous n'êtes pas doué pour les finances, il dira : "Tu sais que je te connais mieux que quiconque. Tu ne sais pas gérer l'argent. Tu es horrible en matière de finances. C'est pourquoi je suis là pour m'occuper de ce genre de choses."

3. Ils normalisent le manque de respect

Pendant la phase où l'agresseur essaie de dévaloriser la victime, il normalisera le manque de respect chaque fois qu'elle le dénoncera. Par exemple, l'homme dira des choses comme : "Tu t'entends ? Tu as l'air folle." Et la femme réplique en disant : "Ne me traite pas de folle." "Bébé, apprends à prendre une blague. Je plaisantais", répond l'homme. Très vite, il la traitera de folle et elle l'acceptera parce qu'il ne fait que plai-santer et qu'elle est sensible.

4. Ils remettent en question votre engagement

En mettant en doute votre engagement, ils jettent des doutes sur la stabilité de la relation. Par exemple, il exigera quelque chose qu'il sait que vous ne pouvez pas faire, comme dépenser toutes vos économies pour son projet, et si vous ne le faites pas, il sera extrêmement triste et menacera même de mettre fin à la relation ou de se faire du mal.

5. Ils investissent dans des affirmations négatives

Ils vous font douter de vous-même en utilisant des déclarations né-gatives comme des vérités absolues à votre sujet. Par exemple, l'agres-seur dira à sa victime : "Je ne sais pas comment ils ont fait pour ne pas te renvoyer de ce travail. Tu peux à peine gérer ta charge de travail. Tu n'as pas ce qu'il faut".

Des réponses simples pour enfumer un gaslighter qui les obtient à chaque fois

Utilisez le regard fixe

Regardez la personne qui a fait le commentaire pendant un long moment, pour recueillir sa réaction. Le silence gênant qui s'installe suffit généralement à la pousser à s'excuser ou à la mettre dans l'embarras. Essayez et voyez la honte s'emparer de votre interlocuteur. Le regard fixe est un excellent moyen d'exprimer votre incrédulité à l'égard de ce que dit le gaslighter, chaque fois que vous doutez de son histoire.

Rappelez-vous chaque erreur

Un chasseur de gaz se souvient méticuleusement des erreurs de sa victime, alors assurez-vous de vous souvenir des leurs. S'il se trompe sur une histoire qu'il vous a racontée, assurez-vous de le rappeler à l'ordre.

Les mal comprendre intentionnellement

Vous pouvez voir que le chasseur de gaz essaie de vous faire avaler une histoire bidon et de vous mentir de manière flagrante. Ne vous laissez pas influencer. Faites plutôt comme si vous ne compreniez pas. Par exemple, dites quelque chose comme : "Je ne peux pas comprendre que nous ayons vu la même chose et que vous et moi en ayons des versions différentes. C'est intéressant de voir comment fonctionne le cerveau humain. Je sais ce que j'ai vu et je suis sûr que vous savez ce que vous avez vu. Je ne peux pas vous faire changer d'avis et vous ne pouvez pas non plus changer le mien. Soyons d'accord sur notre désaccord."

Faites quelques contre-mesures de votre côté

Vous avez dit que vous avez tiré la chasse d'eau et il dit que vous ne l'avez pas fait. Mais vous vous êtes enregistré en train de chanter pendant que vous utilisiez les toilettes. Fournissez les preuves et contrecarrez ses mensonges. S'il dit qu'il vous a envoyé un SMS pour annuler des plans et que vous savez qu'il ne l'a pas fait, demandez-lui de vous montrer le SMS. Il saura ainsi que vous avez compris son jeu. Si une chose vous tient à cœur et que le chasseur de gaz essaie de la banaliser, dites-lui immédiatement ce qu'il en est.

Réponses rapides pour les scripts de gaslighting.

Gaspilleur : "Je n'ai pas dit ça."
Retour en arrière : "Tu l'as fait et à partir de maintenant je vais commencer à enregistrer nos conversations, comme ça tu ne pourras pas nier tes propres paroles."

Gaslighter : "J'ai hâte de dîner ce vendredi. Merci pour l'invitation."
Retour en arrière : "Je ne t'ai pas invité à dîner. Je t'ai dit que j'avais un cours de soul cycling avec mes amis."

Gaslighter : "Je n'ai jamais confirmé cette date"
Retour en arrière : "Oui, vous l'avez fait. Voici votre texte confirmant la date."

Gaslighter : "Mais vous avez dit que vous m'aideriez à payer tout ça. Comment suis-je censé le payer ?"
Retour en arrière : "Je ne sais pas. Je n'ai jamais dit que je t'aiderais à payer tes vêtements. Je t'ai dit que j'avais peut-être de l'argent et que si je pouvais, je le ferais. Ce n'est pas ma responsabilité."

Gaslighter : "Ne sois pas si sensible."
Retour en arrière : "C'est irrespectueux. Je ne te dis pas comment te sentir ou agir, alors ne me dis pas comment me sentir."

Gaspilleur : "Vous n'avez pas le droit de plaisanter ?"
Retour en arrière : "Qu'est-ce qui était drôle dans tout ça ? La partie où tu t'es moqué de moi en public ou celle où tu as parlé à tout le monde de mes affaires personnelles ?"

Gaspilleur : "Je t'ai envoyé un texto pour annuler le rendez-vous. Tu n'as pas vu mon message ?"

Retour en arrière : "Non, je n'ai vu aucun message. Montre-moi le texte."

Gaslighter : "Tu ne m'aimes pas comme je t'aime."
Retour : "Ecoute, je peux seulement t'aimer comme je sais comment t'aimer. Ce n'est pas toi qui fixe la norme de comment aimer."

Des idées simples pour combattre les effets du gaslighting

Confronter

Ne laissez pas le chasseur de gaz vous pousser à la soumission lorsque vous savez qu'il ment. Cela va certainement mettre l'agresseur en colère de vous voir répliquer, mais cela lui montre aussi que vous n'êtes pas une mauviette. Prenez une minute pour vous ressaisir, afin de bien comprendre ce à quoi vous êtes confronté. La tactique de l'agresseur sera de vous apaiser et de vous faire croire que vous réagissez de façon excessive.

Demandez une explication

Le chasseur de gaz ne peut pas expliquer ses actions lorsqu'on le lui demande car il comprend sa nature néfaste. Il se met alors sur la défensive et sa tactique consiste généralement à devenir émotif et à vous accuser de ne pas l'aimer ou à vous rendre responsable d'un malentendu.

Faites vos preuves

Si le gaslighter dit que vous n'êtes pas bon à quelque chose et que c'est pour cela qu'il doit être là pour vous, montrez-lui des exemples où vous avez bien fait cette tâche particulière et où vous avez excellé. Il devient plus difficile pour le gaslighter de critiquer sans preuve. Et s'il veut toujours argumenter, refusez, en citant votre preuve.

Exigez le respect

Le chasseur de gaz testera vos limites en termes de respect. Exigez le respect et mettez fin à la relation si vous n'en obtenez pas. Ne donnez pas au gaslighter l'occasion de vous manquer de respect, car la situation ne fera que se dégrader à partir de là.

Une nouvelle compétence pour combattre le gaslighting

La pleine conscience

La pleine conscience est notre capacité humaine fondamentale à rester dans le présent et à être conscient de notre environnement et de nos actions. Le chasseur de gaz s'efforcera d'altérer votre réalité, mais la pleine conscience vous permettra de rester dans le présent et de contrer les faux récits qu'il pourrait essayer d'inventer.

La pleine conscience vous donne la confiance et les munitions nécessaires pour affronter toute situation. Pour cultiver la pleine conscience, vous devez :

Développez votre instinct

Votre instinct ne vous induira jamais en erreur. Appelez-le intuition si vous voulez, mais il vous dit si une situation ne vous semble pas correcte. Le gaslighting est basé sur des mensonges, alors faites confiance à votre instinct s'il vous dit que l'on vous ment.

Tenir un journal

Un allumeur de gaz est un animal en perpétuel changement, donc tenir un journal qui vous dit ce qu'il a dit et quand il l'a dit vous aidera à garder la trace des faits. Vous devrez peut-être tenir un journal en secret.

Méditer

Le gazeur aime vous dominer en vous traitant de tous les noms et en vous rabaissant pour manipuler votre santé mentale. Méditez et protégez votre attention. Non seulement cela vous détend, mais cela vous apporte aussi de la clarté.

Exercice

Plus facile à dire qu'à faire, mais l'exercice mettra votre corps et votre esprit en phase. Un corps et un esprit sains sont plus difficiles à contrôler pour un gaslighter. Le stress et le syndrome de stress post-traumatique liés à la présence d'un "gaslighter" peuvent être combattus en prenant le temps de faire du yoga ou du tai-chi.

LE MOT DE LA FIN

Ce livre a pour but de vous aider à reconnaître et à combattre le gaslighting avant qu'il ne prenne racine et n'ait des effets débilitants sur vous-même ou votre proche. Le gaslighting est un phénomène courant qui a pris de l'ampleur en tant que forme d'abus et qui est utilisé depuis longtemps pour prendre le contrôle de la victime. Pour certaines personnes, l'utilisation du gaslighting est une décision consciente, mais il y a des gaslighters qui ne savent pas qu'ils se livrent à ce comportement.

J'ai parlé du gaslighting dans le contexte des relations intimes, des unités familiales, des lieux de travail et des amitiés. Vous devriez maintenant être en mesure de comprendre l'approche du gaslighter et ce qu'il attend de sa victime. J'ai également mis en lumière la façon dont vous pouvez identifier le gaslighting dans votre vie, quel que soit le contexte.

La personnalité du gaslighter est chargée d'insécurités, de peurs, de doutes, d'une faible valeur personnelle et d'une faible estime de soi. Ces problèmes de caractère jouent un rôle énorme en faisant du gaslighter un individu contrôlant et manipulateur. Que vous ayez affaire à un gaslighter conscient ou non, l'effet sur la victime est le même.

Il est crucial de savoir à quel type d'allumeur de gaz vous avez affaire afin d'être en mesure de voir efficacement leurs schémas. Dès qu'une personne devient abusive et vous menace, il s'agit d'un gaslighter intimidateur. Si vous avez affaire à un gaslighter de type Jekyll et Hyde, il correspond au profil du gaslighter bonhomme. Ce type de gaslighter est peut-être le plus insidieux de tous. Le chasseur de gaz glamour peut être identifié par son comportement pur-sang, qu'il utilise pour vous séduire et finalement vous rendre redevable envers lui.

L'auto-examen est crucial dans une relation, car il se peut que vous fassiez preuve d'un comportement de gaslighting, sans le savoir. Certaines des questions que j'ai présentées peuvent vous aider à identifier si vous vous trouvez dans le spectre du gaslighting et, si c'est le cas, à quel point vous êtes extrême ? Ce livre vous aide efficacement à comprendre tout ce qui précède et à reconnaître les schémas.

La promesse que j'ai faite dans ce livre était de vous donner toutes les informations possibles sur le gaslighting, de mettre à nu ses intentions, et de citer des exemples en ce sens. En utilisant les exemples et les histoires de ce livre, vous pouvez maintenant identifier le gaslighting dans votre vie et dans celle de votre entourage et vous pouvez trouver une solution.

La principale leçon à tirer de ce livre est que la victime du gaslighting n'est pas en faute. Vous avez affaire à un manipulateur expert qui n'a aucun scrupule et ne joue pas franc jeu. De nombreuses victimes font preuve de résilience et il faut les admirer pour leur esprit de combat, car un gaslighter ne se laisse pas abattre sans se battre. Si vous connaissez quelqu'un qui est victime de gaslighter, restez une constante dans sa vie, un refuge sûr pour lui et veillez toujours sur lui.

SOURCES

Duignan, B, Gaslighting: Human behavior. Retrieved from
https://www.britannica.com/topic/gaslighting

Haider, A (2019, 22nd November). A Cultural History of Gaslighting. Retrieved from
http://www.bbc.com/culture/story/20191122-cultural-history-of-gaslighting-in-film

Waldman, K (2016, 18th April). Form Theatre to Therapy to Twitter, The Eerie History
of Gaslighting. Retrieved from https://slate.com/human-interest/2016/04/the-history-of-gaslighting-from-films-to-psychoanalysis-to-politics.html

Dean, M (2020, 9th March). Gaslighting: A Sneaky Kind of Emotional Abuse
https://www.betterhelp.com/advice/relations/gaslighting-a-sneaky-kind-of-emotional-abuse/

Sarkis, S Ph.D. (2017, 30th January). Are Gaslighters Aware of What they Do?
Retrieved from https://www.psychologytoday.com/us/blog/here-there-and-everywhere/201701/are-gaslighters-aware-what-they-do

Gustafson, K. Are You a Gaslighter. Retrieved from: http://together.guide/are-you-a-gaslighter/

Woodruff, T (2019, 3rd Oct). Gaslighting: Are You a Gaslighter? Retrieved from
https://pairedlife.com/problems/Gaslighting-Are-You-a-Gaslighter-or-gaslighted

Phillips, A. What I Wish I Knew ABout Gaslighting Before It Happened to Me.
Retrieved from: https://www.joinonelove.org/learn/what-i-wish-i-had-known-about-gaslighting-before-it-happened-to-me/

Sarkis, S Ph.D. (2017, 22nd January). 11 Warning Signs of Gaslighting. Retrieved
from: https://www.psychologytoday.com/us/blog/here-there-and-everywhere/201701/11-warning-signs-gaslighting

Sarkis, S Ph.D. (2018, 4th October). This is Why Victims of Gaslighting Stay- And
How They Can Finally Break Free. Retrieved from:
https://www.google.com/url?q=https://www.mindbodygreen.com/articles/why-victims-of-gaslighting-stay-and-how-to-finally-leave&ust=1582536180000000&usg=AFQjCNGzCODCEZSu7ytfxx-1d_Sc220pcg&hl=en

Mohan, M (2018, 11th January) Cheating and Manipulation: Confessions of a
Laughter. Retrieved from: https://www.psychologytoday.com/us/blog/here-there-and-everywhere/201701/11-warning-signs-gaslighting

Weiss, S (2017, 6th March). 7 Signs Your Parents Are Gaslighting You. Retrieved
from: https://www.bustle.com/p/7-signs-your-parents-are-gaslighting-you-42457

Hale, L (2018, 29th March). 24 Phrases Gaslighters Use Against You at Work.
Retrieved from: https://www.ragan.com/24-phrases-gaslighters-use-against-you-at-work/

Richardson, H (2019, 15th Sep). What Happened When I Was Gaslit By My Boss. Retrieved from: https://www.refinery29.com/en-gb/gaslighting-at-work

Nelson, K (2016, 3rd Apr). 5 Ways US Culture and Society is Gaslighting Marginalized People. Retrieved from: https://everydayfeminism.com/2016/04/examples-gaslighting-culture/

Arabi, S (2019, 18th Nov) Recovering from a Narcissist. Retrieved from: https://blogs.psychcentral.com/recovering-narcissist/2018/10/gaslighting-

Miller, N (2014, 24th May). How To Turn People's Own Thoughts Against Them. Retrieved from: https://mind-hacks.wonderhowto.com/how-to/gaslighting-101-turn-peoples-own-thoughts-against-them-0154973/

Christine. The Effects of Gaslighting in Narcissistic Victim Syndrome. Retrieved from: https://narcissisticbehavior.net/the-effects-of-gaslighting-in-narcissistic-

Moss, G (2015, 29 Sep). 3 Problems People From Toxic Families Often Struggle With. Retrieved from: https://www.bustle.com/articles/113750-3-problems-people-from-toxic-families-often-struggle-with

Christine. Les effets du Gaslighting dans le Syndrome de la Victime Narcissique. Récupéré de : https://narcissisticbehavior.net/the-effects-of-gaslighting-in-narcissistic-

Moss, G (2015, 29 Sep). 3 Problèmes avec lesquels les personnes issues de familles toxiques se débattent souvent. Récupéré de : https://www.bustle.com/articles/113750-3-problems-people-from-toxic-families-often-struggle-with